U0111009

萬里機構

我的子女是這樣入名校的

小學篇

SCHOOL

序

　　古時孟子的母親為了讓孩子可以在一個好的環境下學習而三度遷居，最後果真造就了戰國其中一個代表人物、有名的思想和教育家孟子，讓我們認清一個事實——生活和學習環境對於培育小朋友的成長與發展非常重要！

　　孟母三遷這個故事背後的意義，與今天一眾家長想要讓子女進入名校或一所好學校的心思大致相同，都是希望孩子能在一個學習風氣良好、同學們有良好品行，且能激起孩子的學習興趣和認真學習的環境中成長。然而，僧多粥少，現實告訴我們，想入名校的學生多而學校提供的學位卻有限，因此，想子女進入傳統名校就讀，談何容易？家長要如何做才能讓孩子在眾多競爭對手中脫穎而出，這可是令家長頭痛之極的問題。

　　本書涉獵範圍從起跑線到小一入學申請流程、填表策略和面試錦囊，以至過來人經驗分享及孩子入學前後的適應等不同範疇和角度，希望家長在為孩子預備升讀小學時，對於入學申請、為孩子選擇學校、預備面試及孩子升學前後的適應問題，都有更全面和充分的了解、認知和準備。

要培育孩子成才，從孩子幼年時候便要開始做起。

教育孩子，不光是完成一場學校面試或將他送進名校便算完事，家長平日的身教和家教，對孩子的成長和發展更是不可或缺的事情。故此，我們請來兩位分別曾經及現於傳統名校任教的老師，為大家分享如何預備面試和在日常生活如何與孩子互動，亦在不同章節中加插了一些實用的育兒知識或建議，希望可以作為家長在培育孩子方面的參考。

培育孩子，要培養他的全人，全人指的是他的人格和身心靈。而教育孩子並不單單是老師的責任，因為父母對孩子的影響比任何人都要深遠。故此，父母想要培育子女成才，必先要裝備好自己，成為一個能了解和明白孩子、一個在言行上都能成為孩子榜樣的父母。

希望本書不只是你為孩子申請小學和準備面試的參考，更能為你在探索培育孩子的道路上提供路向和指引！

目錄

PART 1

為甚麼要入名校

了解名校有甚麼吸引力

關於起跑線：
名校與一般學校的分別

東周戰國時候，有一婦人為了給兒子一個良好的成長和學習環境，不惜三次搬家，直至搬到一所官辦高等學府隔鄰才定居下來，最後其子亦不負所托，成為一代宗師。這是大家都耳熟能詳的孟母三遷故事。

良好的教育由良好的學習環境開始，這彷彿是一個鐵一般的定律。現代爸媽也一如孟母般對子女寄予厚望，想方設法和用盡資源都希望讓子女得到最好的教育，爭取讓子女入讀名校是其一。

然而，家長們都趨之若鶩的名校和一般學校到底有哪些分別？為甚麼大家都一致認為子女能躋身名校，人生就如同成功了一半？

讓我們先看看，名校到底有甚麼特質。

1 優良傳統

大部分名校都擁有悠久歷史，有其與別不同的固有傳統、濃厚的讀書風氣和良好的校風，讀書和學習風氣較濃，這對於學生培養良好的學習態度有很大幫助。此外，大多數名校除了着重學生的學業成績，也看重他們的品德修養及各項智能發展，這對於成長中的孩子也是重要的一環。

2 資源豐富

擁有悠久歷史的名校，因其穩固的傳統和過往經驗，其教學系統較一般學校成熟和完善，在運作上、教學與輔導支援上亦較一般學校優勝。此外，大部分名校屬於直資小學，直資學校既有政府資助又可收取學費，所以資源比官立和津貼小學相對上更多，在教學方式、教學語言、課程編制和資源運用上都更加靈活和有彈性，讓學生無論在身心靈健康和全人發展都有更好的成長。另外，大部分直資學校都以合約形式聘請老師，因此老師比官立和津貼小學的老師相對上需要博取更好的表現以續約，在這種競爭下，直資學校的老師教育和教學水平都屬優秀之列。

3 名校一條龍

大部分小學名校都有與之相關聯的中學名校，大多是「一條龍」或「直屬學校」的關係。一條龍的意思是指該小學的學生可以全部直升與其結龍的中學；直屬學校則意指該小學有逾半學生可以直升至其直屬中學。換言之，成功進入小學名校，意味着已經取得入讀中學名校的入場券，孩子升讀中學時不用再面對考中學的面試壓力。

基礎勝於一切：
打好根基的重要性

　　正所謂萬丈高樓平地起，起一棟樓，首先要打好地基，地基打得好，大廈建成後才會穩固。小朋友的教育也是一樣，想孩子有好的未來，自小培育和給予他良好的教育是必不可少的。

　　著名認知發展心理學家**皮亞傑（Jean Paul Piaget）**在其認知發展理論中將兒童的認知發展分為四個階段：**感覺動作期（0-2 歲）、前運思期 （2-7 歲）、具體運思期 （7-11 歲）和形式運思期 （11 歲以上）。**

　　皮亞傑認為在前運思期階段的小朋友傾向自我中心，還未懂得運用邏輯思考，需要吸收不同的知識去建立對四周事物的認知。到了具體運思期，小朋友需要透過具體經驗去建立邏輯思考，以學習知識和解決問題。故此，處於這兩個階段中的小朋友需要接觸大量的新知識和新事物，以及在身處的環境中去體驗和經歷，從而發展他的認知能力和智力。所以，這兩個階段的小朋友，其身處的學習環境非常重要！

　　一如前文所言，名校有較完善和充足的教學資源，學生可以接觸到的知識層面比較廣泛和深入，這點對於仍然在前運思期的小朋友的認知發展來說有莫大幫助。

　　優良的學校傳統，校園內良好的學習風氣和校風，亦有助這時期的小朋友在學習上有正面的認知發展。尤其是在具體運思期的小朋友，具體經驗，即他在生活中所遇到、看見和體驗到的事情，如看見別的小朋友因有好的品行或成績而受到稱讚，令他生出有好行為和勤力學習是會受到讚賞的認知。所以，讓小朋友在一個有良好讀書風氣、學生品行出色的學校中接受教育，在耳濡目染下，小朋友也會對學習有正面的看法，會更積極和更有動力去學習，建立自信心。

從小學時候開始，讓孩子入讀名校，有助孩子在學習的認知發展黃金期涉獵更廣泛和全面的知識、建立更好的認知發展和學習態度，令他在學術、品行和身心發展各方面都打下更穩固的基礎，亦對他將來升學和就業有好處。

著名教育學者**蒙特梭利（Montessori）亦認為小朋友在 6-12 歲這個階段，是發展個人自信、想像力和獨立思考能力的時期，亦是他們建立道德意識和社會責任雛形的時期。**

從兩位著名的心理和教育學者對於小朋友的認知發展方面的研究看來，小朋友在小學時期所受的教育和身處的環境，對他們打好根基和將來的發展有着舉足輕重的作用。

如果培育子女是一項建築工程，選一間好的小學，甚或是名校小學，就是替子女的人生打下最扎實穩固的地基的其中一個重要方法。

小學與升中
甚至升大學的關係

小學與升讀中學之間有何關係？讓小朋友入讀名校小學對其升讀中學有甚麼幫助？讓我們先從香港的中學學位分配情況說起。現時香港的中學學位分配主要分為兩個階段：自行分配學位階段和統一派位階段，或者自行選擇報考非派位直資中學。

自行分配學位階段

參與自行分配學位的學校可以預留最多 30% 學位予自行錄取的學生，若參與的學校為直資中學，其可預留的自行分配學位可以多於 30%。在自行分配學位這個階段，大部分參與學校會邀請學生進行面試，學校會按其辦學理念、特色和準則自行決定錄取學生。

統一派位階段

在自行分配學位階段未獲得學校錄取的學生，會在此階段按其派位組別和選校意願作隨機編號分配學位。

在統一派位階段，在扣除重讀生和自行分配學位後，直屬學校可以保留剩餘學位的 85% 給直屬小學的學生，聯繫中學則可保留餘額的 25% 學位予其聯繫的小學學生。換言之，於直屬或聯繫小學的學生能進入所屬或有聯繫中學的機會，相對比其他學校的學生為高。

至於就讀一條龍小學的學生，基本上毋須參加派位便可以直接升讀所屬的聯繫中學。

① 減低升中面試壓力

　　如此看來，如果孩子入讀小學的時候，讓他進入一條龍學校或直屬、聯繫學校，可以免去孩子在六年後再次面對報考學校或派位的壓力。

　　另一方面，大部分傳統名校小學都會與傳統名校中學有直屬或聯繫關係，甚或本身是一條龍學校，故此，在小學時已進入這類名校，某程度上是替孩子提早取得名校中學的入場券。也就是說，替孩子選擇甚麼小學，決定了孩子可以選擇或入讀甚麼中學。

2 名校中學的大學入學率高

傳統名校中學訓練出來的學生大部分都學業成績優異，除了常出狀元外，畢業學生的大學入學率亦比一般中學高。讓孩子入讀一間好的中學，也就是替他在升讀大學的路上開了一條康莊大道。

家長在替孩子選擇小學時，某程度上已經決定了孩子未來的學業發展，如孩子有較多機會可以選擇和入讀甚麼中學，將來能考入大學的能力與機會都受到小學學校和教育影響。所以，小學選甚麼學校，與孩子在未來升讀中學和投考大學可謂息息相關，家長需要慎重考慮。

2020年50間最受歡迎小學

（排名不分先後）

學校名稱	校網	學生性別	學校類別
聖公會聖彼得小學	11	男 / 女	資助
聖士提反女子中學附屬小學	11	女	資助
聖嘉勒小學	n/a	女	私立
嘉諾撒聖心學校	11	女	資助
嘉勒撒聖方濟各學校	12	女	資助
聖保祿學校（小學部）	n/a	女	私立
軒尼詩道官立小學（銅鑼灣）	12	男 / 女	官立
聖若瑟小學	12	男	資助
瑪利曼小學	12	女	資助
聖保祿天主教小學	12	女	資助
香港真光中學 （小學部）	n/a	男 / 女	私立
香港嘉勒撒學校	14	男 / 女	資助

學校名稱	校網	學生性別	學校類別
滬江小學	14	男 / 女	資助
番禺會所華仁小學	14	男	資助
香港南區官立小學	18	男 / 女	官立
聖保羅男女中學附屬小學	n/a	男 / 女	直資
聖公會置富始南小學	18	男 / 女	資助
聖保羅書院小學	n/a	男	直資
油麻地天主教小學（海泓道）	31	男 / 女	資助
循道學校	31	男 / 女	資助
嘉諾撒聖瑪利學校	31	女	資助
嘉諾撒聖家學校	41	女	資助
大角咀天主教小學（海帆道）	32	男 / 女	資助
保良局蔡繼有學校	n/a	男 / 女	私立

學校名稱	校網	學生性別	學校類別
馬頭涌官立小學	35	男 / 女	官立
拔萃女小學	n/a	女	私立
香港培正小學	n/a	男 / 女	私立
合一堂學校	34	男 / 女	資助
保良局陳守仁小學	n/a	男 / 女	直資
保良局何壽南小學	34	男 / 女	資助
拔萃男書院附屬小學	n/a	男	直資
拔萃小學	41	男 / 女	資助
天神嘉諾撒學校	35	女	資助
九龍塘宣道小學	n/a	男 / 女	私立
九龍塘學校（小學部）	n/a	男 / 女	私立
協恩中學附屬小學	34	女	資助
民生書院小學	n/a	男 / 女	私立
聖羅撒學校	34	女	資助

學校名稱	校網	學生性別	學校類別
喇沙小學	41	男	資助
瑪利諾修院學校	41	女	資助
中華基督教會基華小學	41	男 / 女	資助
聖方濟各英文小學	n/a	男 / 女	私立
德望小學暨幼稚園	n/a	女	私立
英華小學	n/a	男	直資
浸信會呂明才小學	91	男 / 女	資助
浸信會沙田圍呂明才小學	91	男 / 女	資助
聖母無玷聖心學校	88	男 / 女	資助
香港浸信會聯會小學	62	男 / 女	資助
沙田官立小學	88	男 / 女	官立
馬鞍山靈糧小學	89	男 / 女	資助

* 此表參考香港特區政府教育局網上資料（2020 年 3 月）及「Sunday Kiss」網站資料（2020 年 4 月）綜合而成

PART 2

準備篇

掌握派位流程和填表策略

小一入學申請流程

小一入學統籌辦法主要分為兩個階段：自行分配學位和統一派位。

1 自行分配學位

在自行分配學位階段，選擇學校不會受到地區限制，家長可以向任何一間官立或資助小學遞交入學申請。學校會按照其計分準則分配學位，並在指定日期將錄取學生的名單張貼在學校內，獲錄取的學生需要在指定日期到學校為子女辦理註冊手續，否則會視作自動放棄學位。

由學校自行分配的學位分為兩類。甲類為「有兄姊在該小學就讀或父母為該小學員工」，學額數量約佔該校學額 30%。如有剩餘學額，學校會根據「計分辦法準則」分配學位，如申請者多於可分配學額，學校可利用原本留作用於統一派位的學額作填補。

乙類為按照「計分辦法準則」分配的學位，所佔學額為該學校學額的 20%。倘若乙類的申請人數超過所佔學額的比例，學校會以「計分辦法準則」去甄選學生。

計分辦法準則

準則	分數
父或母全職在與該小學同一校址的幼稚園或中學部工作	20
哥哥或姐姐在與該小學同一校址的中學就讀	20
父或母是該小學的校董	20
父或母、哥哥或姐姐是該小學的畢業生	10
首名出生子女	5
*與學校的辦學團體有相同宗教信仰	5
父或母為該小學主辦社團成員	5
適齡兒童	10

▨ 五選一　　▨ 二選一

* 家長在遞表前先要向該學校了解清楚「相同宗教」和「主辦社團成員」的定義，避免因誤解而錯失機會或分數。

* 計分表乃參照教育局印刷的《申請二〇二〇年九月小一入學》資料單張

2 統一派位

　　這個階段，沒有申請自行分配學位和在自行分配學位中未獲錄取的學生，都會參加統一派位。統一派位表分為甲部分和乙部分。**甲部為不受學校網限制的學位**，家長可以選擇不多於三間包括本區校網和不同校網的學校；**乙部是受校網限制的學位**。在自行分配學位階段末能獲心儀學校錄取的學生，家長仍然可以選擇心儀學校。

在統一派位的過程中，會先處理甲部不受校網限制的學位選擇，然後才處理乙部受校網限制的學位。理論上統一派位仍會以家長的選擇作依據分配學位，然而，當同一小學的學位申請多於可以給予的學額時，便會以隨機編號的形式分配學位。

❸ 小一學位分配流程表

九月	**領取「小一入學申請表」** 可於小朋友就讀的幼稚園、各區民政事務處、教育局學位分配組及區域教育服務處索取

▼

九月	**向心儀學校遞交「自行分配學位」申請**

十一月	**學校公佈「自行分配學位」結果** 在「自行分配學位」獲得心儀學校學位的學生需按學校指示辦理入學註冊手續

翌年一月	**沒有申請「自行分配學位」的學生** 遞交「小一入學申請表」到教育局學位分配組

翌年一月	**沒有申請「自行分配學位」或在「自行分配學位」中未能派得心儀學校的學生「統一派位」** 在處理統一派位時會分作兩輪，第一輪是甲部選擇，第二輪是乙部，亦即是坊間說的大抽獎

翌年六月	**公佈「統一派位」結果**

* 此流程乃參照教育局印刷的《申請二〇二〇年九月小一入學》資料單張

4 直資及私立小學

　　直資和私立小學通常於每年九至十月舉辦學校簡介會和接受小一入學申請，但每間學校的報名日期和收生流程都不同，家長如想幫子女報考，需要自行留意心儀學校的官方網頁公佈的報名、面試、公佈結果和註冊日期等各項細節。

　　一般而言，直資和私立小學的收生結果會在小一統籌學位的「自行分配學位」階段前已經公佈。獲直資或私立小學錄取的學生亦需在學校指定日期辦理註冊手續，一經辦理註冊手續，代表學生放棄參與小一統籌學位。未獲任何直資或私立小學錄取的學生，可以繼續參與小一統籌學位。

填寫派位表策略

　　了解如何填寫派位表在派位時會更有利，現在先來概括了解小一派位表和派位程序。

　　小一派位表分為兩個部分：甲部和乙部。甲部分是不受校網限制的學校，最多可以填 3 間；乙部是所屬校網，最多可以填 30 間。

　　甲部不受校網限制的學校派出的學額佔學校小一學額 50% 中的 5%，而乙部的學校派出的學額為 45%，換言之，甲部能派到心儀學校的機會相對比乙部低。此外，在統一派位階段，會先處理甲部，然後才輪到乙部。

　　派位過程會按家長的志願進行隨機編號——攪珠。舉例說，有 100 個學生以甲學校為第一志願，那麼將會有 100 個學生一起攪珠，而甲學校派出的學位有 20 個，學生獲派首志願學校的百分率為 20%；如果以甲學校為首志願的學生有 200 人，學生能獲派首志願的百分率為 10%。那就是說你選的學校愈受歡迎，你的競爭對手就愈多，孩子能派得該學校的機會就愈低。

　　所以，到了這個以隨機編號形式派位的階段，除了靠運氣外，家長可以嘗試用一些策略來提高隨機編號的「命中率」。

然而，策略終歸是專家和過來人的經驗分享，每個學生和每年的派位情況都不同，故此，家長應按個人和該年的情況去衡量和選擇適合的方法。

　　以下是一些專家和坊間的**填表策略建議**供大家參考：

1 1-1-1 進取策略

　　1-1-1 的意思，是指如果最心儀的學校在子女本身所屬校網內，在「自行分配學位」階段和統一派位階段的甲、乙部的第一志願都寫該學校的名字，萬一三個階段都派不到該學校而需要叩門時，有助向該校展示父母對於子女就讀該校的誠意。

填表小貼士

如果最心儀（即甲部首志願）的學校並非在所屬校區，建議將乙部的第一和第二志願填寫在甲部的第二和第三志願位置。

② 一格都不留

除非最心儀的學校並非在所屬校區，否則甲和乙部的頭三個志願最好相同。乙部則除了首三個志願外，第四至三十個志願，最好按心目中的排名填滿，不要只填頭三個志願，更不要第一至三十個志願都寫同一間學校，否則孩子有可能會派去其他區域或不受歡迎的學校。

③ 避開競爭

除了最心儀的學校仍然放在首位外，如果心目中的第二、三志願也是區內熱門學校，可以先在第二和第三志願位置填寫心目中的第四和第五志願，然後在第四、第五位置填回原來的第二和第三志願學校，這可以避免因競爭對手太多而在攪珠派位時失利。

面試小錦囊

1 熟悉心儀學校的學習環境

　　面試前帶孩子到學校和學校附近逛逛，讓孩子對學校環境有所認識，面試時不會因為感到陌生而害怕。平時抽時間和孩子一起閱讀學校資料和瀏覽學校網頁，使孩子對於要面試的學校有認識，有助臨場表現發揮。

　　另一方面，透過網絡或有經驗的朋友搜集要面試的學校在過去數年的試題，了解一下其考試模式與範疇，以此為依歸和孩子準備面試。

2 訓練溝通能力和日常生活認知

　　平日多帶孩子參與不同的社交活動，讓孩子有多些機會接觸不同人，有助提升面對陌生人時的表現和應對。除此之外，讓孩子上語言課程，提高語言能力。平日也可多和孩子玩一些看圖說故事或故事接龍等遊戲，一方面提高孩子的表達能力，同時培養創作能力。

　　提高日常生活認知方面，多帶孩子外出，讓他透過生活體驗去學習日常生活中的知識，如學會在餐廳中點餐、買圖書付款等，增進孩子的見識和變通能力。

③ 不要給孩子過大壓力

　　以正面方式教導孩子，同時不要給孩子過大壓力，否則會影響表現，不能放膽勇敢嘗試。

　　讓孩子知道只要盡力便夠，不用太看重成功與否，他們能輕鬆應對面試，效果會更好。多讓孩子學習自理，做錯了或做得不好別責罵，用鼓勵的方式糾正他，令他明白凡事只要勇於嘗試，錯了並不是問題，改正後重新再來就可以了。一方面有助他學會放膽嘗試，另一方面在鼓勵中成長的孩子比在責罵中成長的孩子更有信心。

4 睡好吃好，衣著適宜

面試前夕，必定要讓孩子睡眠充足、多喝水，早上給他一個營養豐富但不過飽的早餐，讓他有充足精神和能量，面試時狀態更佳。

衣著方面，面試當日不論是家長還是小朋友，衣著要整潔端莊，不要標新立異，亦無須太過浮誇。

提高入讀名校機會小貼士

✓ 自小培養多元智能，讓孩子多接觸不同的事物，吸取各種經驗，提升各方面的能力，在接觸新事物時更靈活。

✓ 培養獨立自理的能力，例如自己穿衣服、去廁所、主動學習等，提高自信。

✓ 孩子幼齡及幼稚園階段，為他安排的興趣班最好以語言、學前適應和培養社交技能為主。讓他在語言運用和行為舉止上都得到充足的訓練，提高表達能力之餘，和陌生人相處應對時亦可以更淡定。

✓ 挑選幼稚園時便要考慮孩子日後的升學問題，例如是否需要選一間與名校有一條龍或聯繫關係的幼稚園。

✓ 如果父母本身是某校舊生，不妨考慮替子女報考和選擇該校，因為在自行分配學位階段，舊生的子女是必然會獲得錄取的。

- 按心儀學校看重的學術科目或體育、興趣項目重點栽培孩子，並將這些活動記載在孩子的資料檔（portfolio）內，以提高在報考學校或叩門時獲錄取的機會。

- 預備報考學校或叩門用的資料檔宜精簡，不要長篇大論，盡量以相片為主導加以簡短文字描述。

- 遞交報名表前必須要看清楚學校對於所需資料和資料檔的內容和格式要求。

- 報直資和私立學校，必定要做好功課，了解心儀學校各方面的資訊，切勿錯過報名和面試日期，學校絕不會受理過期申請。

- 參加統一派位，填表時必須要審慎和有策略，不要亂填一通。有需要時可以詢問孩子的幼稚園或面試班的老師意見。

名校老師的話

STEM Sir 的備試絕招

> **鄧文瀚老師（STEM Sir）**，資深教師，曾任教喇沙小學 17 年，獲第二屆傑出 IT 教師獎、曾任香港教育大學及香港浸會大學客席講師，現任「iSTEM Ed Association」主席、「亞洲兒童教育協會」名譽會長及香港小童群益會創意社區中心 STEM 教育顧問，TVB 兒童節目《Think Big 天地》的「STEM 出創意」及「ThinkBig STEM Day」環節任嘉賓主持，並為電腦廣場雜誌 PCM eKids《STEM in Life》、網媒「Oh 爸媽」的專題作家及漫畫《STEM 少年偵探團》的總監修。

關於家長如何與孩子備戰小一面試，STEM Sir 認為「家教」是很重要的，家長平時的言行舉止是孩子學習的榜樣，故此，必定要給孩子一個正確的示範，因為沒有一個老師會希望遇上「無品」的家長。此外，家長在日常生活中應該多與孩子玩耍和溝通，給予孩子多方面的生活體驗，多聆聽孩子的經歷和感受。

1 日常教導比面試班更重要

　　STEM Sir 表示有許多家長會讓孩子參加多個面試班，但是**有經驗的老師其實一定能分辨出學生的答案到底是跟着公式作答，還是出自個人能力的臨場發揮。**所以，他認為家長和孩子做準備功夫，不應靠面試班，而是在日常生活裏做準備。

　　家長如何在日常生活中教導孩子呢？例如：每晚的親子活動時間有沒有和孩子邊看圖書邊說故事？有沒有教導孩子學會自己講故事？有沒有教孩子如何表達感受和講述個人經歷？平日有沒有帶孩子去公園、郊野、參觀博物館、展覽館和乘搭不同交通工具等等。

他認為讓孩子在日常生活中去學習、去擴展經歷和開拓視野已經足夠，至於面試過程，就讓小朋友上一次面試班體驗一次面試程序便可。因為老師常問的問題常離不開讓學生介紹家人和自己喜歡的玩具、圖書、運動和喜歡做的事情等，藉此去了解學生的生活狀況。

2 培養閱讀能力

STEM Sir 指孩子的閱讀能力也是重要一環，因為透過閱讀能力，可以反映家長平時有沒有付出時間培養孩子的識字能力。

至於怎樣讓孩子在面試時有更好的臨場發揮，STEM Sir 表示家長應該要先調整好自己的心情和心態，不要給

予孩子太大壓力，要盡量抱着平常心去面對，因為有個別學校會觀察家長在等候小朋友時的表現，以作參考數據。

STEM Sir 重申，如家長希望孩子在臨場時的表現發揮得更好，便要在日常生活中多讓小朋友接觸不同的人，例如和孩子一起參與社區中心活動或親子義工小組等等，不但能培養樂於助人的精神，更可以增加膽量和提高與人溝通的技巧。

老師心目中的好學生

STEM Sir 認為作為教育工作者，不能夠一開始便鑒定學生是好是壞，要相信小朋友的本質是好的。學生在成長階段中會模仿身邊人的行為，所以一個孩子變壞，往往是受到外來因素影響，小朋友就像一面鏡子，反映着他們父母的行為表現。

好學生應該要有陽光般燦爛的笑容，還要懂得應有的禮貌，在與別人說話時必定要與對方有眼神交流，待人接物時態度要真誠。因為說話用語可以偽裝，但是行為是會展露本性的。

Miss Lee 的備試絕招

1 學校錄取學生的準則

學校通常都會重視學生的中英文語言能力，特別是以英語教學的學校，會比較重視學生的英語能力。老師會透過和學生對話來了解他的**詞彙量、理解能力和表達能力**。面試期間更會以中英雙語向學生提問，如果小朋友能夠主動以相關語言回答，表現出自信一面，會比較有優勢。

另一方面，學校亦重視學生的禮貌、自律和自理能力，面試時會留意學生的態度，倘若小朋友能夠專心和有耐性聆聽提問，主動且有禮貌地回答問題，讓老師能清楚聽到他的說話，他便可以取得高分。簡單來說，語言能力和態度是首要，至於 portfolio，大部分學校都不會因為 portfolio 而加分，故此不建議花太多時間去整理。

2 如何和孩子備試？

和孩子準備面試，最佳裝備就是平日多看書，同時訓練他們朗讀篇章的習慣。朗讀除了可以令孩子對詞彙加深

記憶外，還可改善他的口才和害羞性格，面試時不會太怯場。此外，家長應着重平日和孩子之間的相處，例如有沒有花時間和他親子閱讀？是否着重孩子的日常規矩、一般禮儀和群體生活？孩子是否太過依賴家長等，這些都能在面試中反映，了解到家長平日如何教導孩子。

如果孩子本身比較好動，家長應該要及早教導他，坐要坐得端正，不要隨意郁動。學校大多傾向於揀選一些有禮貌、守規矩、開朗和願意合作的學生。最後，切記不要讓孩子予人「港孩」的感覺。

③ 怎樣幫助孩子在面試時爭取好表現？

面試時家長要多讚揚和鼓勵孩子，激發他的自信心，他們如果對自己的能力很有自信，面對任何情況都不會怯場。然而，千萬別過分操練孩子，讓他自然發揮和表現就可以了。家長亦不要教導孩子說一些討好老師或校長的說話，因為這些流於表面而生硬的演技，只會給老師或校長不好的印象，太刻意而為反而會適得其反。

老師心目中的好學生

好學生重點不在考試成績卓越，而是在學生身上有沒有優秀的品質能令老師欣賞和喜歡。老師心目中的壞學生，大部分都擁有較負面特質，例如懶惰、對老師無禮貌、不尊重他人、經常遲到、打架和擾亂課堂紀律等。

Miss Lee 心目中的好學生要有良好的品德，例如喜歡幫助別人、不說同學壞話、做好自己本分，會時刻提醒自己不要做出違反校規校紀的行為，還有不自私和不驕傲。此外，上課要專心、做事認真、不會欠交功課，當然，還要有禮貌、懂得尊敬師長和尊重別人。

PART 3

實戰篇

配合孩子特質與心儀學校
的需要,為孩子增值

潛移默化，讓兒子愛上這間學校

名校 ＝ 好學校？

1 名校與好學校

「名校是知名、有名氣，經過媒體根據若干標準去排名，每年都會有許多超額入學申請的學校。大部分家長都想子女就讀名校，因為名校以學業行先，小朋友的成績好，畢業生將來的大學入學率高。」對於名校，梁太有如此看法。

然而，在她心目中，名校卻不等如好學校，好學校亦不一定是名校。她認為一間好的學校可以是一家側重學生其他方面或全人發展的學校，例如一家會照顧到弱勢社群

需要、能兼顧有特殊需要的學生的學校，或會特別安排資源去照顧一班非主流學生的學校。**好學校側重於學生的品格、修養或創意等發展，並非一定以學業為優先，校內老師的愛心、包容和忍耐度高。**

　　除了名校兼好學校的準則，梁太認為「學校的教學模式能不能配合小朋友的性格」這一點重不重要呢？她替囡囡選擇學校時，有沒有將這一點也納入考慮？

　　「我覺得學校的教學模式能配合小朋友的性格這點是重要的，但並非必要。」

② 愉快學習 vs 性格鍛煉

她指「重要」的意思是，學校教學模式配合小朋友的性格可以相得益彰。例如國際學校的教學模式是活動教學，小朋友的性格若是外向開朗、不能停下來的，而學校的活動教學模式能配合他的性格，能令他學習更愉快、吸收能力也會更加高，因為用的是適合他的教導方法。

「非必要」的意思，學校是一個群體生活模式，有些小朋友例如她的囝囝安仔，屬於活動型，性格非常外向且喜愛並善於交際，讓他進入對紀律和操行有嚴格要求、教學模式非常傳統的名校，可以訓練自律能力和鍛鍊品行。

她認為傳統教學在紀律和操行上的要求，對小朋友來說是必須的訓練。如果選學校時，完全因應他的性格去選擇，例如選一家像國際學校般使用活動教學模式的學校，學校的教育可能只會側重於他本身外向好動的那一方面，但他靜態的那一面卻未能發揮。

「我相信性格是小朋友從小在品德上的學習和適應，是小朋友要養成的習慣培養而成的。從他小時候開始，家長便要幫他認證，使他在動態之餘，也要學懂欣賞其他不同性格的小朋友。」

在是否一定要選擇教學模式與小朋友的性格配合這個問題上，她表示取決於家長的心態，**如果希望小朋友愉快學習，會因應小朋友的性格取向選擇學校，但這些學校或許未必會花時間訓練小朋友較弱的地方。**

鍛煉孩子的耐性與紀律

一份名為《丹尼登跨領域健康發展研究》指出，會自律的小朋友成績較佳，而且其健康和未來的事業發展等方面都較好。然而，自律並非與生俱來，是需要透過訓練去學習的。

不論性格活潑開朗好動與否，鍛煉小朋友的耐性和紀律都是令所有父母感到頭痛之事。好奇心旺盛、專注時間不能超過 15 分鐘、精力過分充足、喜歡玩耍和四處觸碰物件等等，某程度上是每個小朋友都會有的「特質」。到底如何可以鍛煉孩子的耐性和紀律？

有家長可能會以嚴厲方式去控制孩子的行為，迫令他專注和服從，但是有研究指用嚴厲方式去管教孩子或許會令他們變得畏怯懦弱、失去應有的好奇心；另一方面，對於性格反叛的孩子而言，嚴厲的教育方式可能會做成反效果，令他們更加反叛。

美國臨床社會工作者及心理治療師艾美莫林（Amy Morin）曾在其撰寫的一篇文章中提到**教導小朋友紀律，不是要控制他們，是要教他們學懂自我控制**。自我控制講求的是自理能力、情緒及行為管理、顧及別人的情況。

那麼，家長要如何訓練孩子的自制力，令孩子更有耐性和有紀律？

1. 以身作則

父母是子女的最佳和最重要的模仿對象，要孩子學會控制自己，父母也必須要懂得如何控制自己的情緒、行為和生活中的各方面，成為孩子的榜樣。

2. 有商有量

讓孩子參與討論和決定與他有關的事情，讓他感到被尊重及因有份參與決定而產生責任感。討論過程中父母可以按情況對孩子作正向引導，例如和他分析不同選擇的好與壞等。

3. 自食其果

要讓孩子學會為自己的行為和決定承擔後果。例如在天涼時或冷氣空間中不願穿厚衣或風衣，父母要讓他自己承擔後果；忘了帶課堂要用的物品，父母不要替他送去學校，讓他為自己的行為負上責任。

4. 讚賞與鼓勵

以讚賞、獎勵和鼓勵代替責罰和謾罵。有研究指出，經常受父母讚賞和鼓勵的孩子，自信心較高且行為表現會較好，學習的動力亦較強。家長可以用鼓勵和讚賞的方式讓孩子學會專注和自律，例如鼓勵他坐定定專心溫習一個科目約 20 分鐘，如果他做到了，便可以口頭稱讚他或給他一張小貼紙作獎勵。

5. 轉移視線

　　有些比較好動的小朋友，可能真的不能停下來，而且喜歡搗蛋，對於這類小朋友，可以嘗試用活動去轉移他的視線。例如用遊戲的方式挑戰他完成一些指令：在限定時間內將衣物歸類及收拾；與媽媽比賽，看誰最快找出並收拾「遺落」在家中不同角落的玩具等。透過遊戲消耗他過度的精力，同時訓練紀律。

6. 充足放電

　　對於特別好動的小朋友來說，擁有超乎常人的旺盛精力是令他難以安靜下來的原因，故此，要給予他足夠的運動時間，如到運動場跑步、公園玩耍或讓他參與一些運動項目，他的精力得到發洩後，較容易安靜下來和專注。

如何為子女挑選合適的學校？

1 辦學理念與家長期望

談到如何確定所選擇的學校是否適合兒子，梁太表示在選擇過程並沒嘗試去確定，因為根本不能確定。她說一般幼稚園學校對幼兒都不會過分催谷，以避免扭曲了幼兒適切年齡的性格與心態，所以大部分幼稚園都是快樂學習的學校，很難去確定孩子到底最終適合甚麼類型的學校，要試過才會知道。

「打個比如，我囝囝性格好動、喜愛交際，適合國際學校的教育模式，但現在在傳統名校就讀。當然，這是我和我先生希望他將來發展的方向，所以讓他去試讀傳統名校。如果這家名校完全不適合他，例如發現他的表現和行為等各方面真的無法融入學校中，才會考慮讓他轉校。故此，沒有試過便不能肯定是否適合。」

她認為家長的大方向應該是，**要知道和了解學校的辦學理念是甚麼、自己是否接受其理念。**

2 觀察孩子的需要調節方向

「我覺得在小學階段的小朋友，其可塑性還是很高的，不能這麼快去斷定他的性格，所以很難準確判斷他屬於甚麼類型性格而讓他進哪類型學校，只能夠一直觀察，看看他在適應上是否有困難、行為和性格有沒有出現問題或者很抗拒上學，家長才能慢慢幫他調節或者考慮轉校。」

　　她再次強調，父母首先應要有一個大方向，知道自己希望小朋友將來成為怎樣的人，以此為依據去揀選和考慮學校的辦學理念、校內學生成績和舊生在社會上的成就等。

梁太的小貼士：關於填表

- 採用「111」填表方法：甲部和乙部兩個部分的第一選擇都填上心儀學校的名字，表示你對該學校的誠意和決心。

- 一旦兩次派位都派不到，在叩門階段向學校提交申請時，學校會翻看派位表上你的選擇，看看你讓孩子進入該學校的決心有多大，再決定是否給予面試機會。

  （我有一個朋友，家長本身讀過兩間名校，所以他替孩子選校時，也選了這兩間學校，打算二選其一，他在自行分配的部分填了其中一間，在報考另一間學校時，該校詢問他為甚麼在表格上並不是將這間放在第一志願，最後這間學校沒有取錄他的兒子，派位時亦未能派到第一志願，最後要以叩門方式才能成功入讀心儀學校。朋友的經歷印證了 111 策略確是有根據的。）

- 個人認為 111 進取法存有極大風險，需要家長自行斟酌想孩子進入該學校的決心是否大到真的非此不可的地步。

備試從 K2 開始

1 報讀面試班備試

「報讀直資或私立小學,在一年前便要開始準備和報名。我在有經驗的朋友提點下,囝囝唸 K2 下學期時已經幫他準備面試。當時,我替他報了面試班,個人認為面試班很有用。」

對於面試班,家長的看法很兩極。有些家長覺得面試班不好,因為從小朋友的表現和對答可以看出他是否經過面試班的訓練,而面試班訓練出來的小朋友,表現得很公式化,面試官一眼便能看出來,有些面試官會抗拒。但梁太卻並不這麼認為。

「以我囝囝為例,我替他報讀的是快樂學習的面試班,課程亦很全面,當中包括:禮儀、對答、常識等等,而且中英數三科都會有一個老師和他進行訓練。在幼稚園中沒有這些方面的訓練,也沒這麼嚴謹,而面試班卻能彌補這些不足。」

梁太表示,面試班中有形形色色為面試而設的內容去訓練小朋友,例如上課時會有許多道具,又會有模擬場境如快餐店之類,讓小朋友學習購買食物和付款等,此外,也會有一些考小朋友聰明度的活動。她認為**除非家長自己懂得如何幫助小朋友進行這些方面的練習,否則小朋友很少機會可以接觸到這類型訓練。**

2 面試班可補足幼稚園的教學內容

梁太強調面試班中的訓練內容是幼稚園沒有的，此外，面試班的學習內容是小一的內容，連中英數學科都有，比幼稚園的課程深，幾個小朋友聚在一起能起化學作用外，加上小組形式上課，老師能深入了解小朋友的強弱項，有助家長按着孩子的強處弱點加強或作針對訓練，例如孩子沒有耐性，上面試班能幫助他改善。

她又舉例，有些內向的小朋友不願說話，面試時會吃虧，但是讓他上面試班，在導師的潛移默化下能鼓勵他多說話，這樣，在一年後真的面試時，表現就會好很多。

同樣地，如果小朋友很愛說話和搶答，面試班導師會訓練他的耐性，讓他學會先舉手或聽完別人說話，待導師發出指示後才舉手作答，這些都是在訓練孩子待人接物、與人相處的技能。

　　「小一面試通常會有三次面試，第一次面試通常會以小組形式，看看小朋友和其他小朋友的相處清況。而這些待人接物的技巧，在幼稚園中是沒有提供訓練的。當然，有些小朋友因着本身的性格，在這方面會做得好，但有些小朋友在沒有訓練的情況下可能會真情流露，萬一面試時行為有所偏差，那就得要看面試官是否喜歡和接受他們了！」

與孩子備試時你需要知道的事

備試準備清單

✅ 報考學校的數量不要太多，否則會讓孩子疲於奔命 影響狀態，有教育學者認為最多 8-10 間。

✅ 讓孩子參與適量課外活動，藉此接觸不同領域的事 物及發展多元智能。將活動過程拍下，做 portfolio 時以相片代替文字，但切記課外活動貴精不貴多。

✅ Portfolio 內必定要最少有一張全家幅。全家幅最好 是一家人外出遊玩或旅行時拍下的照片，一家人的 開心記憶在面試時有助孩子開聲回答。

✅ 面試前帶孩子到報校的學校逛逛，讓他熟習一下環 境，對學校也能加深記憶。有足夠時間的話，最好 帶他逛兩次，加深親切感。

✅ 面試前一晚盡量讓孩子有充足睡眠及協助他保持心 境開朗，不要給予孩子太大壓力，讓他以輕鬆態度 面對面試。緊張的情緒會影響孩子的表現。

✅ 陪孩子學習時，尤其是進行問答題時，鼓勵孩子多 作嘗試，錯了不要責罵，鼓勵他繼續思考和作答。 學生的學習態度是否積極是許多學校看重的一環。

✅ 經常帶孩子外出，讓他見識或接觸社區或社會中不 同的人事，讓他對四周的事物保持好奇心同時有更 多生活體驗，以增加他的生活常識，有助他應試。

面試常考範圍

個人背景	清晰地作自我介紹、描述家庭背景及生活日常
語言	中英文詞彙的認知，發音是否準確
聆聽或閱讀理解	需要專注力、記憶力和分析力，問題通常是人物、時間、地點和原因等
智力及邏輯推理	智力、數學或生活常識問答，需要清晰的頭腦和思維
創作	看圖說故事或修改故事之類，需要有好的觀察力、聯想力和創作力
行為情緒管理	小組遊戲或等候期間的「活動」時間，觀察考生是否能與其他小朋友合作、是否有禮貌和會禮讓等待人處事的態度

　　大致了解面試常考的範圍後，家長可以在平日細心觀察，了解孩子的強弱項，在備試時便能按照孩子的強弱處來深化或加強，這有助在面試時有更好表現。

　　例如發現孩子說話時發音不標準或發音錯誤，可以糾正他或和他一起查字典練習發音；孩子觀察能力或聯想力不太理想，可以在和他外出時，就着四周的環境向他提出問題，引導他仔細觀察四周的環境，在平日和他

做一些聯想訓練，如給他牛奶時問問他看見白色會想起甚麼、有甚麼食物或飲料也是白色的、除了食物還有甚麼東西是白色的、喝牛奶時他會想起甚麼、有甚麼食物他覺得適合和牛奶配搭一起、牛奶是怎樣來的等等，培養他的聯想意識和提高這方面的能力。

為孩子安排課外活動

由於安仔本身已報讀了面試班，導師會幫他進行全面訓練，所以梁太並沒有特別為面試製定日程表或時間表，但有因應面試班導師的意見去強化兒子的弱項。另一方面，安仔的課外活動非常多姿多采。

1 課外活動以個性為主導

「課外活動方面，我以他的性格作考慮。安仔屬於運動型且非常好動，所以大部分的活動都是以運動為主。」

梁太表示讓兒子多參與不同的運動項目主要目的是讓他放電，因為他在學校放電不足，此外，運動對身體有好處，能讓他更健康、抵抗力更強。不過，除了運動項目外，她同時也讓兒子學習樂器。

「讓圓圓學習樂器純粹覺得不能夠只發展他好動的一面。我着重他的品行修養，而音樂可以陶冶性情，有許多研究指出，讓小朋友從小接觸音樂，他在長大後學壞的機會較低。」

她認為**小朋友的活動應該動靜兼備，有動態的，也要有靜態的**。音樂對於小朋友的性格發展有很大幫助，讓他有一個嗜好之餘，還可以安靜下來，性格也能夠溫文一些。

「我個人認為，會音樂，懂得欣賞甚至會彈奏，他的造詣會更高，所以讓他學樂器純屬個人考慮，不會為了因應個別學校的收生標準替圓圓安排活動。每間學校的標準都不同，有些名校很看重運動，但據我所知有些名校的趨勢是以學業行先，例如圓圓現在就讀的這間學校，自從中學的新校長上任後，學校的方向便較着重學業。」

2 因應心儀小學要求安排課外活動

梁太指出今時不同往日，不會再像從前一樣，體育成績好、運動出色就可以入名校，甚至保證能進大學。不過，她表示知道有些家長確是會因應心儀小學的要求去為孩子安排課外活動，例如心儀的名校着重運動，家長便會挑一些比較偏門的運動讓孩子參與，那麼孩子便很有優勢了。如果能拿些獎項，優勢會更大。不光是運動，音樂也如是，要選偏門、不大眾化的，還要在報考小學前先在外面參加比賽，以博取獎項獲得優勢。

除了因應兒子安仔的性格和興趣替他安排課外活動，梁太也會在安排活動時盡量先讓他涉獵不同類型的活動，再讓他從中選擇喜歡的。

　　「我不會為了考學校而強逼他參與或學習不喜歡的活動，因為結果一定會弄巧反拙。孩子學不好，學了也沒有意思。」此外，她幫兒子選擇和安排活動，也會考慮年齡因素，有些活動可能只適合六歲或以上學習的，他便不會為了快人一步，而讓兒子學習，以免影響他的體能發展。

那麼，安仔的課外活動包括甚麼呢？我們一起看看：

活動項目	考慮因素
樂理及鋼琴	陶冶性情、培養文靜一面，選擇大路的樂器，對音樂有初步接觸。
劍擊	安仔自信心和好勝心強，這項目能滿足他，同時亦能訓練專注力。
籃球	講求團隊合作，訓練團隊精神、學會與人相處及融入群體生活。
體操	配合好動性格，能放電之餘還可強身健體。
游水	求生本能，亦是最好的運動，是全身運動，安仔有鼻敏感，游水對肺功能有好處。
空手道	紀律性強、集體問責，學會守紀律。
珠心算	讓腦筋轉得快，安仔是用左手的，右腦發展較強，學習珠心算有助訓練腦部不同部位的發展。

學習音樂的好處

常聽說讓小朋友從小學習音樂可以陶冶性情，又有說學音樂有助大腦開發。到底學習音樂對於小朋友的人格和全人發展重不重要？

德國社會經濟小組在 2013 年發表過一篇名為《學習一種樂器如何對技能發展產生影響》的研究報告，當中提到**學習音樂的人在認知和非認知兩種能力的發展比學習體育、戲劇和舞蹈的人高出最少兩倍**；學習音樂的人在認知能力和學習上都較佳，亦較有責任心、性格較開朗。

而另外有一些研究指出學習音樂有助於小朋友發展下列的智能：

語言及表達能力：音樂的節奏施律有助增強小朋友的語音和語感。

聆聽能力：學習和練習樂器的過程有助提高聽覺的敏感度和辨音能力。

邏輯及空間推理能力：閱譜過程有助引發在抽象空間與時間上的思維、整合能力、思考速度。

專注力：練習音樂時需要集中精神，有助訓練專注力，專注力提高，對於學習亦有好的影響。

智力商數：有不少研究發現音樂家的智商一般都比沒有受過音樂訓練的人為高。

視覺空間記憶/記憶力：閱譜訓練提高了對於圖案的長期記憶，增加視覺的敏感度，長期訓練及高度專注、彈奏樂器令腦部得到充分活動，減慢衰老。

大腦皮層更活躍：彈奏樂器需要雙手並用及仔細協調，無形中促進了連繫着大腦左右半球皮層的胼胝體與神經元之間的連結，有助孩子未來在體能上的發展，同時也是在訓練大小肌肉。

情緒商數：美國佛蒙特州大學醫學院在 2014 年發表過一份關於樂器和大腦發育的關聯的報告中提及，學習音樂有助控制情緒和減輕焦慮。

創造力：斯德哥爾摩一間學院的神經科學家指出長時間接觸音樂的人，創意思維較沒有學音樂的為佳。

自信心：一項發表於 2004 年的觀察研究指出學習音樂的學生，自信心和自尊比沒有學習音樂的為高。

　　縱觀上述關於學習音樂帶來的好處，似乎讓孩子從小學習音樂有助發展多元智能和身心健康，對成長確有好的影響。然而，並非人人天生便是音樂家，亦不是每個孩子都喜歡音樂，如何從小培育孩子學習音樂的興趣，一步一步引領他走進音樂世界，需要花點心思。若只用強迫手段，或會令孩子對音樂產生厭惡和抗拒。

培育孩子的音樂情操

「我不喜歡音樂，那是我媽硬要我學、拿着籐條逼我練習的。」

筆者身邊有不少這樣的朋友，小時候被爸媽迫着學鋼琴或其他樂器，而他們就一直在不情願的情況下被迫接受音樂訓練，所以每當完成了爸媽期望的目標，例如通過鋼琴八級考試後，或在可以自主的時候，他們便不再碰那種樂器，更嚴重的甚至對所有樂器都感到抗拒。

　　那麼，該如何一步步引導孩子，讓他先愛上音樂，然後產生興趣，繼而再踏上學習音樂之旅？

1. 先成為音樂愛好者

　　要培養孩子的音樂情操，首先父母一定要培養自己的音樂情操，成為一個音樂愛好者。你不一定要懂得彈奏樂器或專門去學樂器，但家長可以嘗試或學習聆聽音樂、欣賞音樂。

2. 自小薰陶

　　孩子在嬰兒階段時，家長可以每天都在家中播放古典音樂、輕音樂或兒歌，讓孩子在一個充滿音樂的空間成長。孩子脫離嬰兒期後，可以帶他去看音樂劇和音樂會，讓他對不同類型的音樂有概念上的認知。孩子 3-4 歲時，開始給他上一些音樂興趣班，接觸一些適合他年齡的樂器，再從中選出喜歡的認真地學習。

3. 陪練

　　孩子練習時，盡量在他身邊陪着他，他彈得好的時候給予讚賞，彈得不好或遇上瓶頸時，不要責罵他，要鼓勵他，例如「彈得不錯呢！這一個小節看來有點頑固，我們再試試挑戰它，好嗎？」、「這個拍子有點鬼馬，媽媽和你一起打拍子。」

4. 不同形式的鼓勵

　　許多教授樂器的老師或音樂中心都會定期為學生舉辦小型音樂會，讓學生有一個平台表演平日辛勞練習的成果。如果孩子跟隨的老師或學習音樂的中心也有舉辦這類型音樂會，不妨讓孩子參與，一方面可以鍛煉膽量，同時能從中吸取經驗和得到滿足感。

　　親朋到訪家中時，鼓勵孩子在他們面前演奏一曲，給予孩子肯定。當然，這要事前跟孩子說好，在他願意的情況下進行，最好也先和將會到訪的親友打個招呼，免令情況變得尷尬。

針對孩子弱項調整面試準備

1 強弱項互相補足，叩門成功

安仔的入讀名校之路並不太順利。他報考了許多間直資學校都失敗，當中有些學校有邀請他進行第二輪面試，但結果仍是失敗，參與派位時也派不到心儀學校，最後到叩門階段才成功獲學校錄取。

對於兒子要去到叩門階段才成功考入心儀學校，梁太表示可能因為兒子屬於「細 B」，在行為和表現上都不及「大 B」成熟穩妥，比較之下可能輸蝕了。然而，在叩門時應試成功，可能和兒子有學珠心算、計數快及在之前有面試經驗有關。

她表示有些學校在面試時會有搶答數學題環節，據安仔分享，他每次在搶答數學題時都是最快舉手、答得最快的那個，剛好他現在就讀的小學，面試時就有這個環節，故此，他在這個環節上應該表現得很突出。如果安仔沒有受過珠心算訓練，或許他的反應不會那麼快。

2 充分準備並從失敗經驗中學習

　　另一方面，由於之前有過許多次面試經驗，再加上每次面試過後，梁太都會詢問安仔面試情況和作答過甚麼問題，**針對他的弱項再加強訓練或調整答案**，讓他在下一次面試時有更好表現。

　　「充分準備也很重要。安仔現在讀的小學，在面試時會要求考生帶一本最喜歡的英文故事書到學校與校長分享，所以家長在家中一定要先準備有關該書的題目，預測一下校長會問的問題，先和孩子練習。」

　　面試過程中，校長與小朋友會以英文對答，所以一定要讓小朋友做好要交談的心理準備。據校長在見完安仔後跟梁太會面時的評論，她估計安仔能成功獲取錄的其中一個原因是不害羞、願意說話。

　　梁太又表示，考試前最好先帶他去學校看看環境，讓他對要投考的學校有認識，並鼓勵他在面試時要有好表現。

梁太的小貼士：關於面試

- 事前準備必定要充分，一定要了解面試的學校過去數年的面試題目。

- 培養好的行為表現，例如要有禮貌、見人會主動打招呼。

- 和孩子一起瀏覽學校網頁，先認一下校長和副校長的樣子，教他如何稱呼對方。

- 訓練孩子在聊天時要坐定定，就算椅子有輪子也不能轉來轉去，眼睛要望着對方。

- 教導孩子回答問題時要盡量嘗試，真的不懂得回答應要如何回應。

- 培養孩子主動發問。

- 教會孩子如何介紹自己，如設計一些和日常生活有關的問題和他對答，教他如何作答。

- 通常面試時都會有看圖說故事環節，平日要常常和孩子練習。

- 盡量讓孩子接觸不同種類的遊戲，提高玩各種遊戲的靈活性，因老師可能會用不同方式或遊戲考小朋友的表現。

- 面試時衣著要整齊清潔，不要穿得太隨便，但也不能過分隆重。

幫助孩子盡快適應新學校的方法

1 性格和幼稚園的教育模式影響適應

　　「為甚麼讓兒子入讀小學名校？如果他就讀的名校是一條龍小學，最大的優勢是校內 70% 的學生都能升讀所屬的中學名校；如果就讀的是非一條龍的名校，雖然沒有直升所屬中學的優勢，但學校與一條龍小學一樣，能教出德智體群美兼備，甚至學業成績名列前茅的學生。而不論是一條龍或非一條龍中學名校在揀選學生時，比例上都會以小學名校學生為多。」

談到孩子入讀名校後的適應問題，梁太表示要看看孩子本身的性格和所讀的幼稚園的教育模式。就如安仔唸的是國際學校，教育模式和傳統名校有較大落差。

傳統名校要求很高，不論是對於小朋友的紀律、合群和自信等各方面要求都比一般學校高，所以安仔最初入學時實在不太適應。然而，梁太認為**所有小朋友從幼稚園升上小學都會遇到適應問題，需要多少時間適應會因應小朋友本身的性格和就讀的幼稚園而有所不同。**

「我想每個學生都需要時間適應，因為幼稚園和小學使用的課本和教導的知識都有一定距離，此外，生活模式和學校環境都有變化，所以每個小朋友都需要適應。」

她說安仔唸的幼稚園是男女校，現在的學校是男校，在這一點上他適應得非常好，因為同學全部都是男孩子。「他以前不怎麼跟女同學玩的。」梁太說，她解釋可能是因為男孩在心智上比女孩慢半年，而現在他所有同學都是男孩，不論是「大B」「細B」，在心智上都比較接近。

安仔本身性格善於交際，在一個全男班的群體生活中適應得非常快。不過，在紀律方面，卻花了較長時間去適應。例如學校老師喜歡用紅筆寫手冊，不論是讚賞或責備都會在全班同學面前，確實構成了一點壓力。

「獲讚賞時當然開心，但做得不好或忘了做甚麼被責備時會當眾被罵，這可真是要看小朋友的自尊心有多強！」

另一方面，安仔就讀的小學有許多規矩、許多事情都需要自己處理，再加上學校規模大了、人多了，老師的數目也比幼稚園多，上課時間由原來的半天轉為一天，還有夏令和冬令時間表，這些都需要花多些時間去適應。

雖然適應上需要花時間和花心思，可是整體來說，安仔還是挺開心的。

② 建立對就讀學校的歸屬感

在備考期間，我們經常跟安仔描述這家小學的優點、許多人想成為其學生的原因和校內學生的情況等，所以他知道喇沙小學是一家很有名的學校。因此，在成為此校學生之後，安仔很有優越感，常詢問其他小朋友讀的是甚麼學校，並告訴別人自己就讀那一所學校，而且為此而感到自豪，覺得別人會讚賞他，認為自己將來會成為一個很出色的人。

「喇沙很着重培養學生的自信和領袖品格，校長亦很推崇『喇沙小紳士』（Lasallian gentleman），安仔穿上校服便感到優越。我會提醒他，既然知道學校的期望，就要努力達到要求，這才合乎作為這所學校的學生的表現和品格。」

安仔對學校有極強歸屬感，很快便喜歡上校歌。不論是中文版還是英文版，經常都在唱，整天要求媽媽播放校歌影片給他看。無論身在何處，只要認得那個小朋友是自己的校友，他便會告訴爸媽對方的名字、班級和參與甚麼課外活動，他也會很主動去和對方相認，然後與對方一起玩。

面試小趣聞

一般來說，面試時家長都會穿得較整齊，父母也會一起出現以示誠意，但卻有家長表示曾經遇過這個情況：有一位父親帶着小朋友去某名小學面試時，穿著得極為隨便並且只有他一個人帶着孩子，一般認為他的小朋友獲收為學生的機會應該不大，誰料最後學校竟然收取了他的孩子！後來發現，原來這位爸爸是該校的老師，所以基本上他的小朋友進入該學校是十拿九穩的事。

潛移默化，讓孩子愛上心儀學校

從梁太的分享中，我們體會到讓孩子愛上父母心儀的學校，對孩子在面試時和入學後的表現都有一定影響。而要令孩子愛上這間學校，事前的思想教育是不可缺少的。

上世紀 60 年代，美國一位心理學家羅森塔爾（Robert Rosenthal）曾經做過一個實驗，他從一所學校的學生名單中隨意抽出部分學生的名字，然後將這批學生的名字交給該校校長，並告訴對方這批學生在智力測試中的表現超出其他學生，擁有高智商。半年後他去到這所學校，發現這批學生的表現確實比其他學生優勝。他認為這和他曾經點名提及這批學生比其他學生智商高，致令校長和老師對他們生出期望及加以特別照顧和不時明裏暗裏向他們傳遞「你很優秀」的信息有關。他認為這是一種由期望生出的共鳴效應。

這個共鳴效應，被學者稱為「羅森塔爾效應」，這個理論指出**一個人的信念、看法／成見和期望對於所關注、研究的事情或要達到的目的會產生影響。概括而言，就是「你期待甚麼，便會得到甚麼。」**

「羅森塔爾效應」的產生是透過**「憧憬→期待→行動→回饋→接受→外化」**這六個心理機制。安仔父母將自己對兒子的期望潛移默化地傳遞給兒子，並一直引導和鼓勵安仔，成為了他要有好表現、考入此學校及努

力成為好學生的動力。最後達到了羅森塔爾的共鳴效應：

✅ 經常和兒子分享心儀學校的優點、入讀該校的好處，帶他遊覽校園及學校附近，讓他對學校有一個很好的印象、對學校環境有所了解，相信這學校是好的，因為爸媽都喜歡。

✅ 爸媽對於心儀學校的熱情和高度讚揚，感染了安仔，讓他有所共鳴，感受到爸媽對他能考入該校的期望。

✅ 對安仔表達鼓勵、給予信心，幫助他建立自信、肯定他的能力。最終，安仔成功考入心儀學校。

✅ 入學後安仔因為感到自己能成為該校學生而自豪感，這種自豪感成為了他在適應新環境遇到困難時努力克服的動力，同時因為喜愛這間學校，會為了達到學校對學生的要求而自發地努力讓自己有更好表現。

安仔的父母潛移默化地在他心中植下憧憬與期待，再加上對他加以鼓勵及肯定，在投考心儀學校和安仔的學習表現上，達到了期望中的效果。故此，在教育孩子的事情上，家長別輕看自己給予孩子的期望和作出的鼓勵，因為，你對憧憬與期待的熱情加上鼓勵和對孩子的肯定會令孩子產生共鳴，從而作出回應，也許能夠達到意想不到的結果。

水能載舟，亦能覆舟。要透過潛移默化的方式將憧憬和期待灌輸給孩子，希望起到「羅森塔爾效應」的作用，**關鍵在於父母必須要了解孩子的能力，向他傳達合理和適切的期望**。若父母不了解孩子的能力，硬要向孩子傳遞不合理的期望，最終結果或許會令孩子承受過大壓力，不光未能達到期望中的效果，甚至影響孩子的成長與發展。故此，在選擇任何教育模式和給予孩子教導及期望前，都要先衡量一下孩子的能力，否則或會適得其反。

選一間能配合兒子性格的學校

本章家長分享
Amy（兒子傑仔，7歲，現就讀拔萃男書院附屬小學）

「替兒子選學校，我會選擇比較注重學生全人發展、不會太過催谷學生成績的學校。」

教學模式配合孩子性格

傑仔媽媽認為要衡量一間學校好壞，主要看學校的教育方針是否夠全面，其次是師資優良與否，校園是否夠廣闊優美。

在為孩子選校的事情上，傑仔媽媽覺得學校的教學模式能配合孩子的性格這一點很重要，不過，她表示當初替兒子報考學校時，其實也不大肯定所選的學校是否一定適合兒子。

「替他選校報名的時候，我主要考慮的是到底要選一條龍、半龍，還是有聯繫中學的小學，因為知道中學的入學競爭激烈，不希望兒子在小六的時候再次面對考中學的壓力。」

傑仔媽媽表示，最後知道有多過一間學校取錄兒子時，她和先生考慮的便是兒子喜歡哪一間學校多些。她說兒子就讀的幼稚園在報考聯繫小學有優勢，大約半數學生都可以考上聯繫小學，而她的兒子剛好也考上了，並且同時收到男拔附屬小學的取錄通知。

　　與幼稚園聯繫的小學屬於比較傳統的學校，小六升上聯繫中學的學生比率約七成；而男拔附小則是一條龍中學，基本上完全沒有升學壓力，而且和第一家學校相比，男拔附小比較偏向活動教學，功課量適中，校園內還有一個大球場，而她和先生都覺得兒子性格比較活潑好動，可以給他多一點空間和時間去發展個人興趣與潛能，所以感覺上男拔附小比較適合。

　　由於兒子本身就讀的幼稚園已有聯繫小學，所以傑仔媽媽並沒有花太多時間去考究如何填寫小學派位表，只參加了首輪的自行分配學位階段，當時也只是直接在第一志願填上心儀學校的名字，在 12 月中便已收到男拔附小的錄取通知，所以沒有再參與其後的統一派位。

為甚麼教學模式配合孩子性格很重要？

教育方式配合性格特質

源於十八世紀末期的「兒童中心主義」是西方教育心理學中一個很重要的理論，亦是二十世紀直至現時許多西方教育學者推崇的教育理念。

此理論其中一個重要論點是：每一個兒童都是一個獨立的個體，有各自的興趣、能力和需要，故此，教育應以兒童的性格趣向和特質作衡量標準。這一點其實和中國古時最偉大的教育家、獲後世譽為至聖先師的孔子提出的「因材施教」理念相同。

不論是兒童中心主義，或是因材施教的理念，指的都是**教育一個學生，需要因應學生的性格、興趣、能力和學習方式，使用適合的方法才會得到最佳效果。**

曾經有研究報告指出，孩子的學習成功與否，除了取決於他的智力，還會受到非智力因素影響。非智力素指的就是他的學習動機、興趣和性格等等。所以，了解和掌握孩子的性格，再按其性格特質使用合適的方式去教育他這一點尤為重要。

打個譬喻，性格偏向外向好動的小朋友，任何時候都不能坐定定，在聽課時可能會東張西望、不能專注，但其實他是在透過走動和觸碰物件在學習和記憶，這類型小朋友讓他接受活動教學模式可能會較為適合，例如數學課不是坐定定運算而是透過進行遊戲讓他學習如何運算，他會更快和更易吸收。

學習方式配合天賦特質

1983 年由美國哈徉大學教育研究院的心理發展學家提出的多元智能理論，強調每個人都擁有其天賦與潛質，而每個人的本性與智力發展是多元的，每個人都會偏向自己喜歡和感到有興趣的事，將天賦特質配合有效的學習方式，個人潛能才會更有效發揮。這跟兒童中心說和孔子的因材施教也頗相似，同樣是認為教育方式應以孩子的性格與能力為主要考慮。

以配合孩子性格特質的教育模式讓孩子學習有助於將孩子的阻力性格轉化成助力，例如對於好動的孩子來

說，容易分心是其阻力，讓他邊活動邊學習或以分散學習的方式學習，例如每 10 分鐘聽課或學習便讓他玩耍 10 分鐘，這有助他更好吸收和記憶所學習的內容。

教學模式能配合孩子的性格特質和能力，好處在於讓孩子的個人潛能得到充分發揮，按其性格趣向和興趣鼓勵他學習，能加強學習的推動力，孩子因為感到興趣而主動學習，在吸收知識時便會事半功倍，令孩子更易達到成功。

培養孩子的多元智能，促進全人發展

1 從小培養各方面技能

　　提到如何幫兒子備試，傑仔媽媽表示，基本上她和先生在兒子小時候開始，便多方面培養他的技能和興趣。學術方面有英文拼音、英文朗誦、英文考試、普通話朗誦、數學班、中文班等。興趣方面則有跆拳道、游水、彈琴、畫畫、唱歌、跳舞、足球、籃球、乒乓球等。

「興趣方面，當時只想讓他接觸多些不同種類的活動，看看他對哪一種有興趣。當然，那些課堂和興趣班都是分階段進行的，並非同時間學習這麼多東西。最後仍然有斷續學習的只有游水、鋼琴和畫畫。」

傑仔媽媽也坦承在兒子 K2 下學期開始便帶他上面試遊戲班，每星期只上一小時，期間導師透過遊戲方式讓他多方面吸收和面試有關的知識，同時熟習面試模式。

傑仔備試期間的生活日程

早上	回學校上課
下課後	回家午飯及休息
下午	上 1-2 個課程
黃昏	到公園玩樂
睡前	親子閱讀時間
週六	參與 1-2 個興趣班
週日	休息或外出玩樂

❷ 孩子的決心是面試成功的推動力

　　傑仔媽媽憶述當時替兒子報考了八間學校,最後只獲到三間學校的錄取通知,其中一間就是男拔附小。她認為,兒子能成功獲得錄取的原因主要取決於兒子自己的決心。

　　「囡囡在參加完男拔第一次面試後告訴我他很喜歡這所學校,因為他覺得面試過程很好玩、很有挑戰性。第二次面試前,他主動地反復看學校的簡介,下定決心後便獨自走進房中面對三位面試官。我很欣賞他的勇氣和努力。」

當然，除了兒子本身的努力，傑仔媽媽和爸爸也事前與他一起做「功課」預備面試。上網搜集資料，看看面試問題及模式，也會在家與兒子進行模擬面試等。

對於另外五間學校沒有取錄兒子，她想可能因為兒子突然害羞起來及不在狀態。「他若不喜歡那所學校便沒有心機面試。」傑仔媽媽說。

傑仔媽媽表示讓兒子入讀名校，某程度上對於他將來升中有利，因為現在的競爭非常激烈，小朋友的實力和面試表現尤為重要，尚若兒子可以直升中一便不用那麼大壓力。

由於升上小學後，要面對新的環境、新的作息時間、新的同學和老師，加上學習內容與模式、功課，還有校本工作紙管理等，在適應上一定有困難。傑仔媽媽表示兒子在小一上學期比較緊張和不安，幸好學校上學期的考試並不計分，對他的成績沒多大影響，壓力亦沒那麼大，讓他可以在下學期慢慢適應。

傑仔媽媽表示兒子喜歡現在就讀的學校功課不多，雖然有時會覺得功課頗深。此外，他也喜歡和同學相處、享受校園內有草地，更喜歡每逢週五下午的 Electives 課程，因為有許多不同種類的科目可以參與和學習。

小貼士：男拔附小面試模式

首輪面試（約 45 分鐘）

- 觀察（約 30 分鐘）：考生在等候室「自由」活動，如看書、畫畫、玩玩具、砌樂高等。老師在一旁觀察評分。

- 小組面試（約 10 分鐘）：三個小朋友一組進入面試室，在兩位老師引導下，聆聽電腦錄音及按指示完成任務。錄音只播放一次。

第二輪面試（約 30-45 分鐘）

- 單獨面試：小朋友獨自與三位面試官，包括校董和校長在內的考官進行面試。題目大概會是物件分類及解釋，或者看圖說故事、物件用途描述等。

- 家長參與：面試後段時間會邀請家長進入房內回答問題。問題內容大概是選這家學校的原因和小朋友的親子日常之類。純粹互相了解，不計分。

第三輪面試（約 30 分鐘）

- 候補考生與校長會面。參與此輪面試的通常是資質高、成績好，但行為不佳的考生。

*上述面試過程僅是受訪者經驗，模式或有更改，僅供參考

孩子的多元智能與全人發展

「多元智能」和「全人發展」這兩個名詞並不是新事物，近十數年常常都會出現在我們的生活中，相信大家一點也不陌生，然而，多元智能和全人教育意思為何？如何應用於孩子的教育上？

多元智能

多元智能理論的基本理念是：每個人都有其天賦的智能特質，而這特質不是單一的，是多元的，所以每個人身上都有一個獨特的智能特質組合，而這些智能是可以改善和發展的。應用在教育上，就是按學生的學習特徵和個人智能組合去培育和發展其潛能。

多元智能理論中提及的八大智能：

智能	特質
語文	說話及書寫能力強，喜歡以文字和語言去溝通和思考。
邏輯數學	邏思維及推理能力強，對數字敏感，熱愛科學、喜歡探求事物的規律及邏輯順序。
空間視覺	對於形狀、色彩、線條和空間之間的關係非常敏銳，有準確的空間感，喜歡以意象或圖像學習和思考。
肢體動覺	善於以身體語言和肢體去表達想法，喜歡動手創作或改造東西，以身體的感覺和觸覺去學習。

智能	特質
音樂	音樂感強，對於音樂變奏、音調和旋律等非常敏銳，喜歡透過和運用音樂來學習、思考和表達感受。
人際	社交能力強，敏銳於別人的表情和情緒，性格外向容易與人相處，願意主動幫助他人，有領導才能，會透過領聽別人的意見去學習和思考。
內省	對於自己的內在情緒、意向和動機等非常敏銳，自我意識非常強，喜愛獨處和深入思考，從中自我啟發。
自然觀察	對於植物和動物等自然生態辨認能力強，喜歡觀察和探索自然生態，喜歡海洋、生物和天文科學等。

就多元智能理論的教育理念而言，**家長需要留意孩子的性格特質，再鼓勵和引導他去學習和參與自己喜歡和專長的活動**，透過活動過程中的經歷和體驗去學習和發展，從而發揮潛能，同時提高其他智能。

例如傑仔，學習跆拳道除了讓他的肢體動覺智能得到發展外，還能提升他的人際智能和內省自能；學習畫畫除了發展空間視覺智能，畫畫過程亦有助於自然觀察智能的發展。

全人發展

　　全人發展，即全人教育，是指以培育學生成為一個人格和身心靈健全、有信心，能貢獻社會，會尊重關心他人和環境的人為重點的教育理論。

　　此理論認為要**讓學生發展成一個人格健全的人，不應只專注於認知發展**，即知識的發展，而是**應該包含學生的情緒發展、體能發展和人際發展**，強調每個人都有其多元發展的潛能，而教育的目的就是讓學生的潛能可以發展及得到充分發揮。故此，孩子需要學習和發展的，不再光是傳統學科如語言、算術、科學等，而是需要用不同的方式和創意教學去引導孩子發展社交技巧、應對機制及學會尊重他人和享受學習等。

　　支持全人教育的學者認為，嚴肅和傳統的教學方式局限了學生的潛能發展，故此，學習不應停留在課室內。他們認為課堂外的戶外教學、社區參與、藝術及透過與他人接觸相處同樣重要，所以應該要透過不同的活動形式和學生感到有興趣的事物，藉體驗和經驗讓學生得到啟發。

　　如此看來，多元智能的發展與全人教育有着密不可分的關係。概括來說，自小培育及發展孩子的多元智能，有助孩子的全人發展。這其實也是近年本港許多學校開始轉向的教學趨勢。

接觸 • 探索 • 體驗

著名意大利兒童教育學家蒙特梭利（Montessori）博士認為 **0-6 歲的小朋友主要透過感官去探索世界，而這段時期是他們的吸收敏感期，**在此時期內讓他接觸不同事物，從中探索和體驗，有助發展他們的潛能、興趣與能力，故此，這段時期**是培育和發展孩子的潛能與人格的黃金時期。**

像傑仔媽媽，從傑仔小時候便開始讓他接觸不同類型的活動，讓他透過親身經歷去體驗和學習，然後選取自己喜歡的項目，再加以發展，父母亦從旁觀察孩子的性格特質和喜好，藉此了解他的喜好、智能偏向和性格特質，有助於選擇兒子的教育模式和發展他的全人。

以孩子的學習類型篩選學校，鎖定目標

本章家長分享
Belle 媽媽（女兒 Belle，7 歲，現就讀聖嘉勒小學）

「我覺得好學校是一家校風良好、純樸，老師有愛心，會尊重學生個人特質而因材施教的學校。」

搜集資料篩選學校

1 以孩子能力和個性評估選校方向

「Belle 性格文靜，喜愛閱讀，英語能力較中文佳，所以我在替她選學校時，一開始便鎖定英文小學，這讓她在升上小學後學習的負擔較少。」

Belle 媽媽認為學校的教學模式能夠與小朋友的性格配合相當重要。就像她女兒 Belle，個性屬於乖巧受教型，坐定定聽老師授課對於文靜的她來說並不會太困難，所以讓她就讀傳統女校不會有太大的適應問題。**她認為如果小朋友的性格屬於活潑外向，就讀傳統學校可能會比較吃力，對其自尊也會有影響。**

「家長要好好了解並根據自己孩子的能力和個性去選學校比較好，畢竟，讀書的是孩子。」

對於如何替女兒選擇合適的學校，Belle 媽媽表示在決定選擇學校前，她先進行了大量的資料搜集：網上論壇的家長分享、學校的相關新聞報導、詢問有子女在心儀學校就讀的朋友等，先就心儀的學校有概括了解。而 Belle 媽媽本身也認識一些在心儀學校就讀的學生，也大約知道校方喜愛收哪類小朋友和校方要求家長在校內的參與度，再估量一下女兒的能力和個性是否與該校的教學模式和要求符合。

② 集中火力，忌漁翁撒網

「家長要了解自己的孩子，同時也要了解學校的類型，才可以一矢中的。我最後只報了三間學校。」

有些家長在替孩子報讀學校的時候，很喜歡漁翁撒網，同時報考多間私立或直資小學。Belle 媽媽認為縱使家長對每家報了名的學校都有透徹了解，但報考的學校數目太多可能會弄巧反拙。例如許多時學校的面試時間會相撞，令孩子疲於奔命，因而影響面試表現。所以，她覺得如果到最後顧此失彼，不如只鎖定兩、三間心儀學校，再帶孩子去這些學校參觀和參與學校舉辦的活動，讓孩子對學校有所認識、心中有數，也可以有自己的選擇權。

說到由甚麼時候開始替 Belle 做準備，Belle 媽媽表示在 Belle K1 下學期的時候，已開始物色學校並做資料搜集。由於她很了解女兒的學習興趣、個性及承受壓力的程度，很快便鎖定了兩三間學校。

了解孩子的學習類型

　　教育學者一般認為小朋友的性格與教學模式有密不可分的關係，用適合孩子性格的教學模式去教育孩子，孩子的潛能會得到最大發揮，吸收知識時亦更迅速、更容易和更透徹。

　　一個人的性格是複雜、多元和立體的，智利心理學家曾經提出人的性格有 9 種基本原型，後來美國心理學家 Katharine Cook Briggs 和其女兒 Isabel Briggs Myers 按照瑞士心理分析學家榮格在《心理類型理論》（*Psychological Types or the Psychology of Individuation*）中提出的心理類型基礎，經多年研究後製定了一套近年非常流行兼甚具權威的 16 型人格測試，讓接受測試的人能對自己的性格偏向、喜好和意向等有更透徹的認識和了解。此套測試亦廣泛地應用在教育、職業發展和心理輔導工作上。故此，家長若想對子女的性格偏向類型有更清晰明確的認知，不妨讓孩子做這個名為「MBTI」的測試。

三大類學習類型

　　就小朋友的學習類型而言，現時教育學家和心理學家普遍將小朋友的學習模式分為三大類：**視覺學習型、聽覺學習型、動覺或觸覺學習型**。

學習類型	特性	教學模式
視覺	對圖形、色彩、形狀和動態敏感，圖像理解和文字記憶力強	閱讀圖畫豐富的故事書、用不同顏色將內容區分或標注符號、運用影視教材
聽覺	對聲音敏感，喜歡透過聆聽來學習，對聲音的記憶力強	朗讀、講解、演說或播放聲源
動覺或觸覺	不專注、四圍走、周身郁，喜歡摸東摸西，創作力強	角色扮演、將內容化作活動，以活動模式教學

　　替孩子選擇學校，一般學者都認為，視覺和聽覺學習類型的小朋友選擇傳統教學模式的學校，問題不會太大，因為傳統學校大部分都是以語言和聽覺作為教學模式，而近年香港許多學校，在教學中都添加了不少影視教材，所以上述兩個學習類型的小朋友都能兼顧到。而動或觸覺學習型的小朋友，能夠選擇一些以活動教學或專題教學作教學模式的學校，對其發展和學習會較佳。

家校配合更有效教育孩子

當然，教育並不光是老師的責任，家長在家中如何教導孩子，是孩子的全人發展和成長不可或缺的一環。家長在了解孩子的學習特性後，在家中也可以按其適合的教學模式去教導或陪孩子溫習，絕對有助於孩子的學習。

如果你的孩子屬於**視覺學習類型**，可以在家中和他用圖片、剪報和顏色筆一起做大字報，將想要他學習或記下的內容用色彩和圖像拼合成一幅大圖，或者跟他一起做顏色記憶卡，將學習內容用顏色分開重點記在卡上，給他閱讀。

聽覺學習型的孩子，不妨在家中和他用朗誦形式將內容背下，或是一人一句說故事的形式去幫助他記憶學習內容，又或者和他玩主播遊戲，輪流誦讀學習內容同時將之錄下，然後給他重複播放。

面對**動覺或觸覺學習型**的孩子，最佳的方法，就是和他邊玩遊戲邊溫習。例如安排他做家務時給他一些運算題：給他兩隻水杯拿到茶几上，然後問他「家裏有五個人，我還要給你多少隻杯才夠用啊？」；帶他去公園玩時看見一朵花，問問他：「這是甚麼花？」、「你知道它的英文名字嗎？」、「你可以將掉在地上的那片樹葉拾起來嗎？」、「你知道為甚麼葉子會掉下來嗎？」，盡量用一些有創意和活潑的方式去引起他的學習興趣。

培養閱讀習慣，課外活動以興趣優先

1 從小培養閱讀習慣

「Belle 唸的是英文幼稚園，英語能力不俗。我從 Belle 嬰兒時期開始已經每天花大量時間和她伴讀，所以她在唸 K2 的時候已經能夠自行閱讀英文書，而我心儀的私立小學剛好很着重孩子的閱讀習慣和英語能力。」

Belle 閱讀的大多是英語繪本和階梯英文書如 *Oxford Reading Tree*、*Usborne* 和 *Ladybird Levelling* 等套裝書；中文書籍方面以台灣繪本和幼兒套裝書為主。

② 以孩子的興趣安排課外活動

「Belle 屬於慢熱型，害怕面對陌生人，所以我會帶她參加適量課外活動，讓她認識一些學校以外的朋友，也會讓她參加一些比賽訓練膽量。」

由於心儀的學校並不太着重報考的學生是否擁有獎項，而 Belle 媽媽讓女兒參加比賽的目的亦只是訓練膽量，故此不想她太忙於應付比賽，所以英語考試、數學比賽等學術類比賽通通沒有讓她參加，而參加的比賽大多是歌唱比賽或朗誦比賽。

課外活動方面，Belle 除了在家裏跟隨媽媽學習鋼琴和聲樂外，還有參加英語班、繪畫班和芭蕾舞班等。

「我沒有因應學校的要求替 Belle 安排課外活動，主要還是按她的興趣。例如，芭蕾舞是她在讀 K1 的時候主動提出要求學習的，但我會為她選擇一家歷史悠久且有良好聲譽的舞蹈學校；讓她上繪畫班，是為了培養她的美感和創意，她上了第一次課後便一直學到現在了！」

培養孩子的閱讀習慣和能力

培養閱讀習慣的好處

耶魯大學哈斯金研究中心研究總監 Kenneth R. Pugh 教授曾經說過，**在閱讀的過程中花時間去沈澱、思考、推敲和投入幻想，能提高我們的認知能力。** 2019 年 11 月《紐約時報》一篇題為 *The Benefits of Reading and Writing* 的文章提到，閱讀和寫作對我們的大腦功能有好處，文中提及到不會閱讀和寫作的人，在年老時患上腦退化的機會比會閱讀和寫作的人高。而一直以來，不少教育家、腦神經專家或心理學家等也做過無數研究，證明閱讀能帶給我們好處。以下讓我們看看一些公認的閱讀好處：

1. 思路清晰

閱讀期間專注在文字和故事發展，會刺激我們的大腦，而這些刺激尤為針對我們的集中、批判和分析能力，有助我們發展清晰的思維，提高思考和推理能力。

2. 收集詞彙

閱讀時不多不少都會遇到一些不明白或不認得的字詞，從而引起我們的興趣去查字典或以其他方式了解那個字或詞彙的意思，無形中詞彙數量會逐漸增加。

3. 提高寫作技巧

　　大量的閱讀，令我們有機會接觸不同的文體和寫作方式，不知不覺間寫作技巧已相應提高。

4. 加強想像力

　　閱讀的時候，尤其是小說或故事書，在書中看到的人物、地方和故事情節會引導我們的大腦想像那人的外貌、衣著、行為，那個環境的氣候、四周的景物和色彩等等，從而刺激和發展幻想力。

5. 增強記憶

　　閱讀能增強大腦中的記憶和專注功能，能提高記憶力和專注力。

6. 減少壓力和焦慮

　　當我們的腦袋專注於眼前的文字時，有助暫時忘記現實生活中正面對或處理中的事，緊張的心情會放鬆下來。另一方面，閱讀的過程，尤其是一些關於個人情緒、心理等書籍，會刺激大腦去處理我們內在的負面情緒。

7. 有助睡眠

　　由於閱讀能幫助卸去壓力和減少負面情緒，從而幫助我們身心放鬆，更易於進入睡眠狀態和深度睡眠。

從上述有關閱讀帶來的好處看來，對於在敏感吸收期的幼齡兒童來說，閱讀絕對是一件有益身心的事情，對於提升小朋友的語文、邏輯、內省、創造力、記憶力和情緒管理等智能都有益處，並且相信對於他將來的學習和學業成績也會有不少幫助。

如何培養子女的閱讀興趣

要培養孩子的閱讀興趣，父母首先要培養自己的閱讀習慣，因為父母是孩子最好的榜樣，也是對孩子有最大影響力的人。其次，就像 Belle 媽媽一樣，從孩子的嬰幼兒時期便開始和她建立睡前故事時間。

1. 每天有故事伴讀時間

筆者在十數年前，曾經和莫文蔚的媽媽做過一個訪問。當時莫 Auntie 跟我分享過她在一對兒女還是嬰幼兒階段的時候，便開始每天都有閱讀故事的時間，先從講故事開始，再慢慢引導他們自己去閱讀。莫 Auntie 的長子是劍橋大學法律系博士，而莫文蔚在拔萃女書院就讀中學，畢業於英國倫敦大學。

除了上述莫 Auntie 的例子，其實許多名人和筆者身邊的朋友，在分享到閱讀時，都表示子女的閱讀習慣是在嬰兒時期每天的故事伴讀時間開始的。

2. 到訪圖書館及書店

家長平日有空閒時間多帶孩子到圖書館看書和逛書局，讓孩子常常浸淫閱讀的氣氛中也有助培養閱讀興趣。最好是讓孩子去挑選他想看或有興趣的書，這會加強看書的動力。

3. 組識親子讀書會

與孩子一起參與或和幾位有孩子的朋友組織親子讀書會，透過與孩子和其他家長及小朋友一起閱讀交流、分享，有助提高孩子的閱讀興趣。

4. 參加閱讀講座及工作坊

香港公共圖書館亦有「兒童及青少年閱讀計劃」及定期在不同圖書館舉辦的兒童故事時間和一些兒童或親子閱讀講座、工作坊等，這些活動都是有助提高孩子閱讀興趣的活動。

提升孩子的心理質素和自信心

那麼，在替女兒選定學校、報了名後，Belle 媽媽做了甚麼準備呢？

「由於女兒就讀的幼稚園本身也有面試訓練，所以我沒有和她做甚麼準備，更沒有製定甚麼時間表。」Belle 媽媽表示，她也有向朋友了解一下該三家學校的面試情況和考核模式，然後在臨近面試前一至兩個月，會帶着 Belle 到學校附近了解學校的環境，讓她看看小學生上、下課的情況。

「我當時替女兒報了三家學校，最後三家學校都收了她作正取生，也算得上是一擊即中吧！」

1 待人接物從小做起

她認為女兒能得到三家學校收為正取生，原因可能和女兒在面試時表現輕鬆、心情愉快有關，因為小朋友的心理質素對面試而言非常重要。

在日常生活中教導孩子如何與人相處、對師長和陌生人的態度要有禮貌固然重要，但她覺得**培養孩子的自信心，讓她了解自己的優點更重要，而這一點是要自小在生活中潛移默化**，非兩個星期或一個月加速訓練可以做到。

「面試前我會帶她到她喜歡的餐廳吃東西，面試後亦會有獎勵，以示對她的表現感到欣賞，這樣，有助她不會害怕下一次的面試。」

② 伴讀一年幫助適應

Belle 入讀小學後，最大的適應問題是中文科。對於各個以英語授課的科目，她並沒有不適應，倒是中文科令她感到頭痛和抗拒，最後 Belle 媽媽花了整整一年時間和她伴讀，從旁協助，Belle 終於有所進步。

在待人接物和校園適應方面，校方本身安排得很細心，在開學前先讓孩子上了為期四個半天的適應班，又在學期初時讓高年級的同學照顧新入學的一年級同學，幫助新生建立歸屬感，令她們有良好的適應。

最後，被問到為甚麼讓女兒報讀名校，Belle 媽媽表示，除了因為名校校風和師資優良外，同學的質素也比較好，加上好的學習環境，對於擴闊 Belle 的眼界和將來升讀中學都一定的好處。

如何提升孩子的心理質素？

　　面對較膽小、性格偏向內儉害羞的孩子，如何幫助他們訓練膽量，令他們在面對陌生的環境和人事的時候，可以保持冷靜和淡定，表現不至於太過緊張？父母需要的是提升孩子的心理質素及自信心。以下綜合了不同教育學者或心理學專家，關於培養或改善孩子的心理質素的建議。

1. 培養孩子的自理能力

從小讓孩子學會自理，如自己脫衣服襪子、穿衣服鞋襪、自己進食等。讓孩子學會自理從而建立信心。

2. 以口代手

孩子在學習自理或其他事物的時候，父母只在旁邊觀看，發現他錯了不要責罵，亦不要動手替他完成，只要溫柔地說：「做得不錯，如果襪子能夠翻回正面才穿上會更完美。」、「不緊要，可以把褲子脫下來，再穿一次。但這次要記得褲子有兩個洞洞，一個洞洞只能穿在一條腿上啊！」讓孩子明白只要放膽嘗試，失敗了沒有甚麼可怕，再學習一次就好了。

3. 勇於與陌生打招呼和詢問

和孩子一起出門時，看見鄰居或街坊，家長要主動打招呼，亦鼓勵孩子主動和對方打招呼，讓他習慣和陌生人相處；和孩子購物時，他想要買的東西讓他自己學習跟售貨員詢問，例如他想要的玩具放在他碰不到的地方，家長要鼓勵他主動向售貨員尋求幫助；到餐廳用膳，可以鼓勵他跟店員溝通，例如「我們好像還欠一杯水，待會姐姐過來的時候，你幫媽媽忙問姐姐『可以給我們一杯水嗎？』好嗎？」他辦完事情後，不妨讚賞他一句「你真棒！」。

4. 建立社交生活

　　平日多讓孩子接觸其他小朋友，或帶他參與不同類型的小朋友活動，擴闊生活圈子，適當的社交生活有助孩子建立膽量和提高與人相處的技巧。

5. 故事分享

　　經常跟孩子分享一些與勇氣、自信心和探索有關的故事，透過故事中人物的經歷讓他明白有信心和勇氣的重要性。

6. 表演或比賽

如果孩子有上一些興趣班，不妨讓他參與一些公開表演或比賽，例如音樂中心舉辦的學生音樂會，或者像 Belle 媽媽一樣讓孩子參與比賽。透過登台表演和比賽，不但有助於孩子鍛煉膽量，還令他從中得到滿足感，增添自信。當然，事前事後的鼓勵和讚賞等心理工作必不可少。有一點必定要謹記，**讓孩子參加比賽，重點不在領獎而是鍛煉膽量**，家長要讓孩子清楚明白，他只需盡力做好便足夠，不用一定要贏。

上述都是一些有助鍛煉孩子膽量和改善心理質素的方法，不管你的孩子內向與否，相信這些方法對於提高孩子的修養和品行都是有益的。

Belle 媽媽讓 Belle 參與朗誦比賽，是一個提高小朋友心理質素的不錯方法。

朗誦不但讓孩子有機會站在台上鍛煉膽量，透過朗誦的訓練還可以提高孩子的語音和語感。此外，朗誦一篇文章或詩詞，需要先去理解其含意再投入感情，其分析和體認的過程都能夠訓練邏輯思維和情感演繹與表達，同時亦提高文字的鑑賞力。

PART 4

適應篇

幫助孩子處理升學初期情緒上及生活上的變化

幫助孩子調適升學初期的身心狀況

　　不論是成人或幼童，在面對新環境時，對於未知的情況，內心總會產生一些憂慮和擔憂的情緒，而這些情緒若未能得到疏導或會形成壓力。生活模式的轉變，亦需要時間去適應和調整。這些適應和調整可以是心理上的，亦可能是生理上的。

　　由幼稚園升上小學的兒童，其身心靈仍然在發展階段，他們對於環境和生活模式上的轉變比成年人更敏感，但在情緒和壓力方面的處理和控制未及成人成熟，在暑假前後和小學第一年的適應期，父母的關注和引導便變得尤為重要。

　　接下來，我們看看在開學前、開學後和日常生活這三個範疇中，家長可以做甚麼幫助孩子在這個人生中的重要階段有更好的適應。

開學前

　　小朋友從幼稚園升上小學，需要重新適應的事情有很多，先來看看到底他們需要面對的新事物包括甚麼。

1 生活作息

　　幼稚園和小學的上下課時間不同，課堂時間和課堂與課堂之間的交接亦不同。其中最大的適應是，大部分幼稚園都是半日制，大部分小學都是全日制且會分夏令和冬令時間。孩子的起床、用餐、活動和睡眠時間都需要重新調節。

2 課程和學習模式

　　幼稚園和小學不論在教學模式和課程的深淺程度都有頗大差距，大部分幼稚園都採用較活潑的方式上課，但小學卻較多以傳統模式為主，例如在幼稚園中小朋友可能透過遊戲方式去學習，入讀小學後許多時都要坐定定聽老師講課。幼稚園的課程內容程度較淺，小一的課程深很多。

3 學校環境

　　除非孩子升讀的學校本身是一條龍學校兼小學和幼稚園共用一個校舍，否則，小朋友將會面對一個全新，即是完全陌生的環境，老師也是陌生的，這對孩子來說也是一個新的衝擊。

4 社交圈子

　　小朋友從幼稚園升小學後，其中一個轉變，可能就是每天見慣的同學全都變了陌生人，小朋友要重新適應社交圈子，以及和陌生的小朋友相處建立新的友誼。對於這一個轉變，性格外向的小朋友，可能問題不大，但是對性格內向怕醜的小朋友來說，可能是個大挑戰。

　　從上述的改變看來，小朋友在升學的過程中所要面對的轉變和壓力，可真不少！家長如能在開學前、暑假期間替他做一些心理準備和生活調節，或許能減少他們在適應期的焦慮和壓力，令他更容易渡過適應期。

家長可以做的事

讓孩子慢慢適應升學後的作息時間	⊘ 暑假第一天開始,逐步調校孩子的起居作息時間直至完全配合升學後的作息時間。
重要指數:★★★★	⊘ 以每一個星期作基礎先調校睡眠時間和起床時間,然後是用餐時間,逐樣調校,不要一下子全部更改

經常和孩子述說關於「小學生活」的事情	⊘ 對於將會進入新的校園生活有一個概念上的認知,減少對於未知境況的憂慮
重要指數:★★★	

讓孩子對小學生活有更多了解	⊘ 邀請已經是小學生的朋友到家裏玩,趁機讓這些小朋友和孩子分享他們的在學經驗
重要指數:★★	

讓孩子熟習校園環境	⊘ 帶孩子到校園附近逛逛,學校容許的情況下,和他一起到校園內走走
重要指數:★★★	⊘ 參與學校在暑假期間為新生舉辦的各項講座和活動

盡量讓孩子參與各項入學的預備工作	⊘ 給孩子自行挑選喜歡的文具、書包和餐具等,讓他對於新生活有所期待
重要指數:★★★	

孩子入睡無難度

「媽媽，我睡不着」、「媽媽，我不想睡」、「媽媽，我想多玩一會」失眠、無心睡眠、不願睡覺並不是成年人的專利，精力比成人旺盛不止百倍的小朋友，很多時到了該上床的時間還是雙眼晶亮、頭腦活躍，心思思想這樣想那樣，就是不想睡覺。其實要讓孩子乖乖睡覺也不是沒辦法的。

1. 睡前音樂或故事

孩子睡前半小時開始播放輕音樂或和他來一個床邊故事時間，讓他的小腦袋慢慢安靜、放鬆，進入睡眠狀態。另一方面，每個小朋友總有一個心愛的毛公仔或物件，他去哪裏都會帶着、睡覺時會抱着的，不妨用他心愛的公仔或物件去吸引他，並讓他抱着，讓他感到安心和有安全感。

2. 營造安靜及黑暗環境

製造一個安靜的環境，也就是說家裏所有會發聲的影音設備都要關掉，家長也盡量不發出任何聲音，讓孩子在安靜的環境中慢慢進入睡眠狀態。

另外，關掉所有燈光，拉上窗簾，製造一個黑漆漆的環境。漆黑的環境能讓孩子的腦袋分泌出褪黑激素，幫助他進入睡眠。

開學後

開學後是另一個新的轉折點。家長在暑假期間所作的，某程度上是孩子升小學的適應期預備工作，除了生活起居的時間調整是實際行為和生理上的調節外，其餘的基本上屬於心理上的準備功夫。

正式開學後，孩子要面對的是實實在在的轉變。打個譬如，如果這是一場戰役，暑假期間的適應預備是備戰，而開學後就是正式踏上戰場。之前，是想像小學的生活會如何、會面對甚麼挑戰；現在，是每天活在小學的世界裏，那些想像中或未預想到的挑戰就在眼前。例如 Belle 要面對的是令她「頭痛」的中文科；性格活潑的安仔要面對的是要規規矩矩等等。

由原來氣氛輕鬆的幼稚園環境一下子投入各方面要求都更為嚴謹的小學，同時面對相對地較繁重和艱辛的科目和課程，對年紀不過五、六歲的小朋友來說，實非輕鬆容易之事，家長在這一年的過渡期裏，可以怎樣幫助孩子安然過渡呢？

家長可以做的事

教導孩子閱讀學校時間表和手冊，自己執拾書包 重要指數：★★★★	個別科目如體育、美術課等，家長可以為孩子預備專用的袋子，然後指導孩子將需用的物品放置其中，每次要上課時便可將袋子放入書包中。 ⊘ 幫助孩子減少因漏看時間表或手冊等而欠帶東西、欠交功課等而受到責罰 ⊘ 令孩子不會因自己常忘這忘那而感到沮喪
關注孩子的行為表現 重要指數：★★★★★	入學後要多留意孩子有沒有異常表現或經常出現不開心或焦慮的情緒，如有，家長主動關心和了解，但不要表現得過分緊張，以免增加孩子的壓力。例如可以問他：「你今天看起來好像有點不開心，可以告訴媽媽是甚麼事令你不開心嗎？」 ⊘ 了解情況後，先盡量疏導孩子的情緒，然後才按他的情況和需要考慮解決方法

成為孩子的朋友	這是最好的關懷和引導方式，家裏最好每天設定一個「傾心事」時間，一家人圍坐一起說說當天經歷的事和感受，也令你有機會知道孩子的一天生活過得怎樣。
	⊘ 建立親子關係
	⊘ 了解孩子每日遇見的事和心理狀態
	⊘ 讓孩子對爸媽多點認識和了解
重要指數：★★★★	⊘ 孩子抒發情緒的方法之一
與學校老師緊密聯繫	了解和關心校園中的事，與學校的老師常作交流
	⊘ 了解孩子在學校中的生活和在校中遇見的問題
重要指數：★★★★	⊘ 明白孩子正處於何種狀況，更有效去引導和幫助孩子面對困難和適應校園生活
了解孩子追不上進度的原因	孩子成績若追不上，家長不妨分別與老師和孩子了解原因，例如是因為上課不能集中精神或是其他原因，再從中思索如何幫助孩子改善。
重要指數：★★★★	⊘ 過程中幫助孩子克服困難

由於小朋友年紀小，在遇上不開心的事或鬧情緒時，或許未必懂得如何表達，甚至不知道自己有情緒，家長可以怎樣幫助他去表達？如何了解他鬧情緒的原因呢？

以下有一些引導孩子說話和表達情緒的方法給大家參考。

1. 與布偶或公仔聊天

套着布偶或拿着公仔，透過互動的劇場模式或對話方式，一步步邀請孩子加入聊天及引導孩子說出他不開心的原因。最好用孩子最喜歡的卡通人物或最喜歡的公仔。

2. 看圖聊心事

給孩子一張畫紙和顏色筆,讓他自由發揮,然後拿着他的「畫作」按着所畫的圖案引導他說話,例如問他:「可以告訴媽媽你畫的這個是甚麼嗎?」、「為甚麼會畫這個?」、「怎麼太陽伯伯不見了?」、「為甚麼這朵花是黑色的?」之類,慢慢引導和幫助他說出心事。

3. 使用表情公仔

家長可以自行製作一些表情公仔或圖案，或是到精品店購買一些 Emoji 表情公仔放在家中，在處理孩子的情緒問題時，把表情公仔拿出來，讓孩子挑選一個表情，然後再問他原因，例如：「咦，為甚麼選這個皺着眉頭的公仔？你遇上甚麼不開心的事嗎？可以和我分享一下嗎？」

* 成年人在遇到情緒問題時，也未必能有足夠的理性和邏輯思維去表達情緒，甚或是根本不知道那是哪種情緒和情緒因何而來，更別說只有幾歲大的小孩了。家長在與孩子對話的過程中，可以在孩子每分享完一段說話後，嘗試按自己的理解去幫他做一些小總結，例如：「你很難過，因為今天和小輝吵架了。是嗎？」、「你不開心，因為今天忘了帶運動衣，不能上體育課。是這樣嗎？」，透過這樣的小總結一方面幫助孩子認識自己的情緒，另一方面有助家長了解和確認孩子的情緒源頭。

生活日常

孩子從幼稚園轉入小學，也是進入人生中的一個新里程。在轉入這個新里程的道路上，需要面對的除了陌生的環境、新的學習模式和人際關係外，還有日常生活模式也要改變，一下子要適應這麼多轉變，對於身心仍處於探索和發展階段、心靈尤為敏感的小朋友來說，確實不是容易的事。

家長除了在課業上去幫助孩子適應外，其實日常生活中也可以透過不同的方法幫助孩子減壓，讓孩子更容易適應新的生活。

家長可以做的事

| 穩定的作息時間 | 穩定是減少壓力的重要因素，固定的作息時間對於孩子來說非常重要。不論是上學的日子，或是週末、學校假期，甚至外出旅遊，都要盡量保持固定的作息時間。 |

- 有助避免孩子因睡眠時間不穩定而失眠或睡眠不足
- 有助穩定情緒

重要指數：★★★★

| 定時用餐，均衡飲食 | 孩子的用餐時間盡量保持在固定時間，一日三餐缺一不可，當中尤以早餐為最重要。根據一些關於營養學和健康的研究，早餐能夠補充體力、調節生理時鐘、安定身心、令身體保持溫暖、活化大腦和防止便秘。 |

此外，要確保孩子的每頓飯都營養均衡、低鹽少糖、多菜多水

- 良好的飲食習慣，對兒童的身心發展帶來好處

重要指數：★★★★

戶外活動 重要指數：★★★★	一星期最少三次和孩子一起外出做運動，例如踏單車、跑步、游水、跳繩、打羽毛球等。 ◎ 運動期間身體分泌出的安多酚令心情愉快，有助減去焦慮和壓力 ◎ 對孩子的身體發育和體能有好處
親子興趣活動 重要指數：★★★	定期和孩子做一些比較好玩，而孩子也感興趣的事，例如週末在家動手做蛋糕或曲奇餅、到沙灘拾貝殼、去南生圍或濕地公園等觀鳥、到畫廊賞畫等。 ◎ 培養孩子多方面的興趣 ◎ 透過活動過程，暫時忘卻煩惱，紓緩情緒
一起做義工 重要指數：★★★	定期與孩子參與一些義工活動。 ◎ 擴闊孩子的社交生活和視野 ◎ 透過服務社會過程中的體驗，鍛煉更堅強的意志和信心，面對挑戰和困難時有正面幫助

成為同行者

任何時候父母帶給孩子的影響都是最深的。家長要讓自己成為孩子的朋友，尊重孩子的想法、願意聆聽孩子的內心感受，孩子遇上情緒問題時，耐心引導和鼓勵；在學習上遇到瓶頸位，不要責備或輕看他，多鼓勵並與他一起面對困難。

◎ 以鼓勵和引導代替責備，讓孩子願意與家長分享，家長才有機會去關心他、幫助他。

重要指數：★★★★

附錄：有用網頁

教育局有關「小一入學統籌辦法」網頁

https://www.edb.gov.hk/tc/edu-system/
primary-secondary/spa-systems/primary-
1-admission/

香港公共圖書館「兒童及青少年閱讀計劃」

https://www.hkpl.gov.hk/tc/extension-
activities/event-category/ 23427/reading-
programme-for-children-and-youth

Schooland 升學天地

https://www.schooland.hk

相片來源

- ✧ Mary Gober / FreeImages
- ✧ Drobotdean / Freepik
- ✧ Fwstudio / Freepik
- ✧ Kstudio / Freepik
- ✧ Lifeforstock / Freepik
- ✧ Master1305 / Freepik
- ✧ Pressfoto / Freepik
- ✧ Senivpetro / Freepik
- ✧ Stock-world-on / Freepik
- ✧ Tirachardz / Freepik
- ✧ Jcomp / Freepik
- ✧ Gillian Callison / Pixabay
- ✧ Hai Nguyen Tien / Pixabay
- ✧ Mới Ngô / Pixabay
- ✧ Nightowl / Pixabay
- ✧ PublicDomainPictures / Pixabay
- ✧ StartupStockPhotos / Pixabay

我的子女是這樣入名校的 小學篇

編著
萬里機構編輯委員會

採訪及撰文
Ms W Lee

責任編輯
周宛媚

裝幀設計
李嘉怡

排版
辛紅梅

出版者
萬里機構出版有限公司
香港北角英皇道499號北角工業大廈20樓
電話：2564 7511
傳真：2565 5539
電郵：info@wanlibk.com
網址：http://www.wanlibk.com
　　　http://www.facebook.com/wanlibk

發行者
香港聯合書刊物流有限公司
香港新界大埔汀麗路36號
中華商務印刷大廈3字樓
電話：2150 2100
傳真：2407 3062
電郵：info@suplogistics.com.hk

承印者
美雅印刷製本有限公司
香港九龍觀塘榮業街6號海濱工業大廈4樓A室

規格
32開（210mm×142mm）

出版日期
二○二○年七月第一次印刷

版權所有・不准翻印
All rights reserved.
Copyright© 2020 Wan Li Book Company Limited
Published and Printed in Hong Kong.
ISBN 978-962-14-7246-5